Who Am I
나는 누구인가
쉽게 읽는 한글판 나의 뿌리

자랑스런 **임씨** 이야기
林氏
上

선조유적 화보(先祖遺蹟 畵報)

임씨도시조(林氏都始祖) 임팔급(林八及)

한국 임씨 도시조(都始祖) 학사공(學士公) 임팔급(林八及)의 제단 (충남 청양군 화성면 화암리)

농성(濃城) 전경 (경기도 평택시 팽성읍 안정리)

선조유적 화보(先祖遺蹟 畵報)

선산임씨(善山林氏)

중시조 임만을 모신 원모재(遠慕齋) (전남 영광군 미암면 선황리)

석천 임억령을 모신 해촌서원(海村書院) (전남 해남군 해남읍 해리)

선조유적 화보(先祖遺蹟 畵報)

도원서원(道源書院) 외삼문. 석천 임억령을 배향 (전남 화순군 동복면 연월리)

식영정(息影亭). 석천공 임억령의 정자. 전남기념물 제1호
(전라남도 담양군 남면 지곡리)

선조유적 화보(先祖遺蹟 畵報)

임 만(林 蔓)

선산관 중시조(中始祖). 조선 태조조 문신.
문예조좌랑(文禮曹佐郞).
증 자헌대부 호조판서 겸 지중추부사(贈資憲大夫戶曹判書兼知中樞府事)

임만의 묘비

선산관 중시조 임만의 묘소 (전남 영광군 미암면 선황리)

선조유적 화보(先祖遺蹟 畵報)

임득무(林得茂)

조선 세종조 문신. 황해감사, 이조판서. 증 자헌대부이조판서겸지의금부사(資憲大夫吏曹判書兼知義禁府事)

판서 임득무의 묘비(舊, 新)

판서 임득무의 묘소 (전남 영암군 삼호면 용당리)

선조유적 화보(先祖遺蹟 畵報)

임 수(林 秀) 조선 성종조 문신. 진안현감(鎭安縣監). 증 숭정대부의정부좌찬성 겸 판의금부사(贈崇政大夫議政府左贊成兼判義禁府事)

숭모재(崇慕齋). 임수의 재실 (전남 해남군 해남읍 구교리 교동)

임수의 묘소 (전남 해남군 해남읍 구교리 교동)

선조유적 화보(先祖遺蹟 畵報)

임우형(林遇亨) 부원군(府院君)

부원군 임우형의 묘소 (전남 해남군 해남읍 구교리 교동)

임천령(林千齡)

임천령의 묘소 (전남 해남군 해남읍 구교리 교동)

자랑스런 임(林)씨 이야기 • 9

선조유적 화보(先祖遺蹟 畵報)

임억령(林億齡)

조선 명종조 문신이자 시인. 동부승지,
병조참지, 강원도관찰사, 담양부사. 유고《석천집(石川集)》

석천(石川) 임억령의 묘비(舊, 新)

석천 임억령의 묘소 (전남 해남군 마산면 장촌리)

선조유적 화보(先祖遺蹟 畵報)

해촌사(海村祠) (해촌서원 내)

해촌서원(海村書院). 석천 임억령을 모신 서원 (전남 해남군 해남읍 해리)

선조유적 화보(先祖遺蹟 畫報)

식영정(息影亭)

전남 담양군 남면 지곡리에 있는 식영정은 조선 명종 15년(1560)에 서하 김성원이 스승이자 장인인 석천 임억령을 위하여 지었던 정자로서 전라남도 지방 기념물 제1호로 지정되어 있다. 석천은 제자가 지어준 정자의 이름을 장자 책물편에 나오는 식영 곧 '그림자를 끊는다'는 말로 내걸었는데 자세한 내용은 공가 쓴 식영정기에 나타난다.

1557년 담양부사로 담양에 내려온 석천은 담양군 남면에 있는 성산의 승경을 좋아하여 3년 뒤에는 벼슬을 그만 두고 그 곳의 빼어난 산수와 벗하면서 유유자적한 생활을 하였다. 식영정은 달리 사선정(四仙亭)이라고도 한다. 그것은 제봉 고경명·서하 김성원·송강 정철·석천 임억령 등 네 사람이 이곳에서 성산시단을 형성하여 마치 신선처럼 시회와 강학으로 다정하게 지낸 데서 연유한다.

이곳 정자는 조선 시대 문사들의 출입이 잦았던 열린 공간이다. 여기에 출입한 인물은 이황·이이 등을 비롯하여 김인후·기대승·백광훈·송익필 등 대부분이 당대의 명사들이었다. 식영정과 관련된 시문으로는 석천의 식영정이십영 원운과 정철·고경명·송순·김성원 등이 이에 차운한 총 백 수의 식영정 제영과 송강의 성산별곡을 대표적인 것으로 손꼽을 수 있다.

식영정은 이처럼 주옥같은 시가문학의 산실로서 그 당당한 위상을 지니거니와 멀리 뵈는 무등산의 모습과 주변에 식재된 소나무, 그리고 정자 앞의 호수 등이 한 폭의 그림처럼 어우러져 지금도 시심의 고향으로 칭송되고 있다.

식영정 전경

12 · 자랑스런 임(林)씨 이야기

선조유적 화보(先祖遺蹟 畵報)

임백령(林百齡)
조선 중기 문신. 대사헌, 참판, 관찰사, 한성부 좌윤, 판서, 우찬성 등

임백령의 묘소 (경기 고양시 관산동)

임구령(林九齡)
조선 명종조 문신. 광주목사(光州牧使), 홍주목사(洪州牧使), 남원부사(南原府使)

임구령의 묘소 (전남 영암군 서호면 청룡리)

선조유적 화보(先祖遺蹟 畵報)

임광민(林光閔)   선전관(宣傳官), 증 병조판서(贈兵曹判書)

추원당(追遠堂). 임광민의 재실
(전남 강진군 도암면 덕서리 청룡)

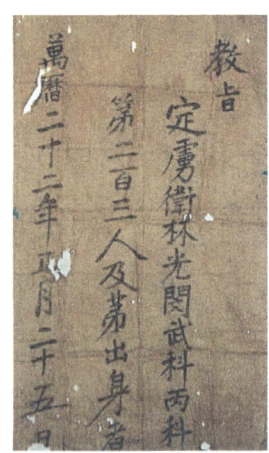

임광민의 교지

임광민의 묘소 (전남 강진군 도암면 덕서리 청룡)

14 • 자랑스런임(林)씨이야기

선조유적 화보(先祖遺蹟 畵報)

임진룡(林振龍) 증 통훈대부 장악원정(贈通訓大夫掌樂院正)

임진룡의 묘소 (전남 강진군 도암면 덕서리 청룡)

임계향(林桂響) 헌릉참봉(獻陵參奉)

임계향의 묘소 (전남 강진군 도암면 덕서리 청룡)

선조유적 화보(先祖遺蹟 畵報)

순창임씨(淳昌林氏)

순창백 임연, 관조 순창군 임중연, 두문재 문정공 임선미의 3대 단소
(전남 화순군 화순읍 일산리)

두문재 임선미를 모신 송월사(松月祠) (전남 화순군 화순읍 일심리)

선조유적 화보(先祖遺蹟 畵報)

임 연(林 演) 좌정승 순창백(淳昌伯)

순창백 임연의 단소 (전남 화순군 화순읍 일산리)

임중연(林仲沇) 관조 순창군(淳昌君). 고려시대 문신. 밀직부사, 찬성사, 추성양절공신(推誠亮節功臣)

관조 순창군 임중연의 단소 (전남 화순군 화순읍 일산리)

선조유적 화보(先祖遺蹟 畵報)

임선미(林先味)   고려시대 충신. 두문동(杜門洞) 72현. 시호 문정(文正)

삼쾌사단비

두문재 임선미 모현비

두문재 임선미의 단비

3대 단소전경. 순창백 임연, 판조 순창군 임중연, 두문재 문정공 임선미의 3대 단소
(전남 화순군 화순읍 일산리)

선조유적 화보(先祖遺蹟 畵報)

두문재 임선미 사적비

송월사 사당 전경

자랑스런 임(林)씨 이야기 • 19

선조유적 화보(先祖遺蹟 畵報)

호계사

호계사 현관

호계사(虎溪祠)

호계사가 이 마을에 세워진 것은 1943년이다. 전남 장성의 만수산에 있던 경현사(敬賢祠)가 1942년 일제에 의해 철폐되면서 거기에 있던 임선미의 위패를 모시기 위해 지은 사당이다. 그때만 해도 임선미의 후손들은 개성의 두문동에 있는 사당 표절사(表節祠)와 두문동서원에서 제사를 지낼 수 있었다. 하지만 남북 분단이 되면서 어렵게 되자 1960년 전남 화순에 송월사(松月祠)라는 사당을 만들었다.

임선미의 호는 두문재(杜門齋)로 두문동의 얼굴과 같은 존재다.

선조유적 화보(先祖遺蹟 畵報)

임시계(林時啓) 외 칠충(七忠)

조선 인조조 병자호란 때의 의병.
증 예조참의 임시계(林時啓), 증 좌승지겸참찬관 임시태(林時泰),
증 좌승지겸참찬관 임시준(林時儁), 증 예조참의 임시민(林時敏),
증 호조참의 임시진(林時震), 증 좌승지겸참찬관 임시익(林時益),
증 호조참의 임시약(林時若)

칠충비(七忠碑)와
칠충신유적비(七忠臣遺蹟碑)

임씨칠충각(林氏七忠閣) (전남 화순군 화순읍 대리)

자랑스런 임(林)씨 이야기 • 21

선조유적 화보(先祖遺蹟 畵報)

상좌로부터 증예조참의 임시제, 증좌승지겸참찬관 임시태, 증좌승지겸참찬관 임시준, 증예조참의 임시민, 증호조참의 임시진, 증좌승지겸참찬관 임시익, 증호조참의 임시악의 팽려기

선조유적 화보(先祖遺蹟 畵報)

임휘연(林暉淵)

임휘연의 배위 대구배씨(大邱裵氏)의 열효문(烈孝門) (전북 순창군 인계면 호계리)

임판암(林判岩)　효자

임판암의 효자비
(전북 순창군 인계면 호계리)

선조유적 화보(先祖遺蹟 畵報)

예천임씨 (醴泉林氏)

옥천서원(玉川書院). 서하 임춘을 모신 서원 (경북 예천군 감천면 덕율리)

모하정(慕河亭)과 화악정(花萼亭). 서하 임춘의 정자 (경북 안동시 임하면 금소리)

선조유적 화보(先祖遺蹟 畵報)

임 춘(林 椿)

고려시대 유명 문인. 강좌칠현(江左七賢). 증 봉익대부 삼사사 상장군.
유고 《서하선생집(西河先生集)》 6권.
저서 《국순전(麴醉傳)》, 《공방전(孔方傳)》

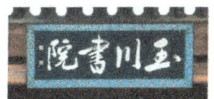  

좌로부터 옥천서원, 상현사, 흥학재 현판

상현사(尙賢祠). 옥천서원 내 사당. 서하 임춘을 모신 서원 (경북 예천군 감천면 덕율리)

자랑스런 임(林)씨 이야기 • 25

선조유적 화보(先祖遺蹟 畵報)

천도문(闡道門).옥천서원 외삼문

서하선생문집(西河先生文集)

《서하선생문집(西河先生文集)》은 맨 처음에 벗인 이인로(李仁老)가 잔고를 모아 6권으로 편집하고 아들 임비(林秘)를 시켜 교정, 선사해둔 것을 최우(崔瑀)가 1222년에 서경의 해학원(諧學院)에 보내어 목판으로 간행하게 하였다. 이 초간본은 현재 전하지 않는다. 「청분실서목(淸芬室書目)」에 의하면 조선 초기에 문집이 재간되었다. 선초 간본으로 보이는 본이 현재 성암고서박물관(誠庵古書博物館)에 소장되어 있는데, 후쇄 또는 보각된 것으로 추정된다.

그 후 14대손 임재무(林再茂)가 고려시대에 간행된 고본 1부를 얻어 1713년 홍양진영장(洪陽鎭營將)으로 나갔을 때 목판으로 재간하였다. 이 고본은 6권 1책으로 중 담인(湛印)이 구리 항아리에 넣어 약야계(若耶溪) 근처에 파묻은 것으로, 1656년 중 인담(印湛)이 청도(淸道)의 운문사(雲門寺) 근처에서 발견한 것을 이하구(李夏耈)가 소장하고 있다가 신유한(申維翰)을 통해 임재무에게 전해진 것이다. 임재무는 최석정(崔錫鼎) 등에게 교정, 선사를 부탁하고 내용과 자양은 그대로 하되 2책으로 나누었으며, 여기에 교정두주와 중간서 2편, 중간발 2편을 첨부하여 간행하였다. 임춘의 대표적 가전체 소설로는 《국순전(麴醉傳)》과 《공방전(孔方傳)》이 있다.

선조유적 화보(先祖遺蹟 畵報)

모하정 전경

모하정 현판

모하정(慕河亭). 서하 임춘의 정자

선조유적 화보(先祖遺蹟 畵報)

임 즐(林 騭)   감찰, 고령현감, 영천군사, 효자

성은(城隱) 임즐의 묘소
(경북 예천군 감천면
덕율리)

소원사(昭遠祠) 서하 임춘, 함인군사 임제중, 성은 임즐의 사당 (경북 예천군 용문면 직리)

28 · 자랑스런 임(林)씨 이야기

선조유적 화보(先祖遺蹟 畵報)

임계중(林繼仲)
예천군(醴泉君). 함안군사, 부사, 봉직랑(奉直郞),
증 공조참판(贈工曹參判)

부사 임계중의 묘소 (경북 예천군 감천면 덕율리)

직산재(直山齋) (경북 예천군 용문면 직리)

자랑스런 임(林)씨 이야기

선조유적 화보(先祖遺蹟 畵報)

임자번(林自蕃)
양양군(襄陽君), 상호군(上護軍), 내금위장(內禁衛將), 병마절도사, 정난공신(靖難功臣), 시호 양평(襄平)

노임정(老林亭), 양평공 임자번의 정자
(경북 영주시 이산면 운문리)

양평공 임자번의 신도비 (경북 영주시 이산면 운문리)

선조유적 화보(先祖遺蹟 畵報)

양평공 임자번의 별묘 (경북 영주시 이산면 운문리)

임자무(林自茂)   조선조 무신. 돈용교위 부사직(敦勇校尉副司直)

부사직 임자무의 묘소 (경북 예천군 감천면 덕율리)

선조유적 화보(先祖遺蹟 畵報)

임 인(林 麟) 현령(縣令)

현령 임인의 묘소 (경북 문경시 산북면 월천리)

임수간(林壽艮) 남고(南皐)

남고정(南皐亭). 남고 임수간의 정자 (경북 문경시 산양면 과하리)

선조유적 화보(先祖遺蹟 畫報)

임문근(林文根) 조선 선조조 문신. 이조참의(吏曹參議)

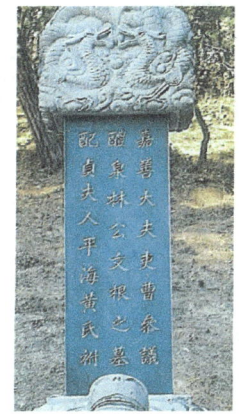

학암(鶴菴) 임문근의 묘비

학암 임문근의 묘소 (경북 안동시 북후면 신전리)

자랑스런 임(林)씨 이야기 · 33

선조유적 화보(先祖遺蹟 畵報)

학산정 전경

학산정 현판

학산정(鶴山亭), 학암 임문근의 정자 (경북 안동시 북후면 신전리)

선조유적 화보(先祖遺蹟 畵報)

임억숙(林億淑) 금소 입향조

야은(野隱) 임억숙의 묘소 (경북 안동시 임하면 금소리)

금곡재 전경. 야은 임억숙의 재실, 문화재자료 제272호 (경북 안동시 임하면 금소리)

선조유적 화보(先祖遺蹟 畵報)

금곡재(金谷齋). 아은 임억숙의 재실, 문화재자료 제272호 (경북 안동시 임하면 금소리)

금곡재 현판

금곡재(金谷齋)

금곡재는 원래는 금수서당이었는데, 이 서당은 예천임씨의 발의에 의해 조선 순조 10년(1810)에 지어져 '금수서숙'으로 이름이 바뀐 후, 헌종 15년(1849)에 다시 수리하여 오늘날의 규모로 확장되었다. 그 뒤 1928년에 현재와 같이 입향조 아은 임억숙(1546~1605)의 묘소를 관리하고 시제를 올리는 곳으로 그 기능을 바꾸었다. 아은 임억숙은 조선 선조 때에 이 마을에 입향하였다고 한다.

금곡재는 대들보에 적힌 기록으로 보아 헌종 15년(1849)에 새롭게 고친 것으로 19세기 서당 건물의 특징을 잘 간직하고 있다. 이 건물은 안동지역에서는 흔히 볼 수 없는 형식의 주사와 더불어 안동지역의 재사 건축의 일면을 볼 수 있는 건물이며, 관리자가 거주하던 왼쪽 건물은 안동지역에서는 보기드문 ㄷ자형 평면구성을 하고 있다. 경상북도 문화재자료 272호

선조유적 화보(先祖遺蹟 畵報)

임담물(林譚物)   한성좌윤(漢城左尹)

한성좌윤 임담물의 묘소 (경북 예천군 용문면 직리)

임중국(林重國)   공조참의(工曹參議)

영모정(永慕亭), 공조참의 임중국의 정자 (경북 안동시 임하면 고곡리)

선조유적 화보(先祖遺蹟 畵報)

임소한(林宵漢) 계와(溪窩)

경함정(敬涵亭), 계와 임소한의 정자
(경북 안동시 임하면 금소리)

경함정 현판

경함정 전경

선조유적 화보(先祖遺蹟 畵報)

임 수(林 秀) 칠원현감(漆原縣監),
김해진관 병마절도위(金海鎭管兵馬節度尉)

임수의 묘소 (충남 부여군 부여읍 가탑리)

경모각(敬慕閣), 임수의 재실 (충남 부여군 부여읍 가탑리)

선조유적 화보(先祖遺蹟 畵報)

임무길(林茂吉) 동몽교관(童蒙敎官)

동몽교관 임무길의 묘소 (전북 정읍시 북면 한교리 사동)

동몽교관 임무길의 효자정려문 현판과 정려기.
현판의 글씨는 당시 영의정 이유원, 정려기는 도승지 조병학이 썼다.

동몽교관 임무길의 효자정려비 (전북 정읍시 영파동 석교)

머리말

《 자랑스런 임(林)씨 이야기 》

　우리 한민족(韓民族)은 세계 어느 나라 어느 민족(民族)과도 비교되는 남다름을 담고 있는 민족이니, 그것은 유구한 역사와 시간 속에서도 한결같이 이어져온 하나의 혈맥(血脈)에서 나오는 자기 정체성과 일체감이 아닐까 합니다.
　우리들이 더욱 화목(和睦)하고 단합(團合)하여 국가(國家)와 민족(民族)에 봉사하는 것이야말로 우리들이 이 《 자랑스런 임(林)씨 이야기 》를 발간하는 참뜻이라 할 것입니다.
　그런 의미에서 본 서책은 자랑스런 임(林)씨 에 관해 체계적으로 정리 한 것으로 족인의식(族人意識)을 자각하고 일족(一族)의 친목(親睦)을 도모하며 조상(祖上)의 뛰어난 행적을 널리 알리고자 하는 목적으로 시대적 요구에 부응하는 가장 적합한 서책이라 할 것입니다.
　조상의 행적의 공(功)과 덕(德)이 많음에도 알지 못하면 부지(不知)의 소치이며, 그 공덕(功德)을 알면서도 전(傳)하지 아니하면 불인(不仁)의 소치라 하였습니다.
　급변하는 세상을 하루하루 바쁘게 살아오는 동안 오늘날 우리는 너나 할 것 없이 부지불인(不知不仁)을 면하지 못하고 있음을 생각하며 늘 안타까운 마음을 갖고 있던 차에 이렇게 우리의 역사를 성씨별로 읽기 쉽게 정리한 보첩이 발간되어 세상에 나오니 반가운 마음을 금할 수 없습니다.
　특히 요즈음 자라나는 새 세대들은 세계사(世界史)나 외국 위인(偉人)에 대해서는 잘 알면서도 자기(自己)의 가계(家系)나

머리말

조상(祖上)들이 이루어 놓은 유사(遺事)에 관하여는 소홀히 하는 경향이 있는데, 이러한 시대적 상황에 처하여 온고지신(溫故知新)의 윤리도덕(倫理道德)으로 새로운 미풍양속(美風良俗)을 승화 발전시켜야 할 책무(責務)가 우리 세대에 요청받고 있으니, 다음 젊은 세대(世代)에게 올바른 윤리도덕(倫理道德)과 씨족(氏族)의 중요성을 일깨워야할 소명(召命)이며 의무(義務)가 아닐 수 없겠습니다.

지금까지의 대부분의 문중 사료와 보첩들은 우리 후손들에게는 너무 어려워서 가까이 하지 못한 점이 늘 안타까웠기에 본 《 자랑스런 임(林)씨 이야기 》는 남녀노소 모두에게 이해하기 수월하게 구성하여 묶어 내었습니다.

이로써 생활 속에서 보다 가깝고 친근하게 조상(祖上)과 뿌리를 알게 하고 기본적인 예절을 알게 되는 계기가 될 것이라 기대합니다.

그동안 이 보첩의 발간을 위하여 지원하고 노력하여주신 여러 분들에게 진심으로 감사를 드리며, 우리민족의 위대한 발전과 도약을 기원합니다.

2014. 8. 6.
성씨이야기편찬실

|차 례|

【卷之上】

- □ 머리말 / 41
- □ 차 례 / 43
- □ 일러두기 / 50

▌선조유적 화보(先祖遺蹟 畵報) ·············· 3

▌임씨 상계(林氏 上系)

임씨의 시원(林氏의 始原) ··· 52
도시조(都始祖) **임팔급**(林八及) ······························ 53
우리나라 임씨의 상계(上系) ···································· 55
분적 현황(分籍 現況) ·· 58

▌경주임씨(慶州林氏)

시조(始祖) **및 본관**(本貫)**의 유래**(由來) ············· 65
본관지 연혁(本貫地 沿革) ·· 65
항렬표(行列表) ··· 66
역대 주요 인물(歷代主要人物) ································ 67

▌길안임씨(吉安林氏)

시조(始祖) **및 본관**(本貫)**의 유래**(由來) ············· 70
본관지(本貫地) **연혁**(沿革) ····································· 70

차 례

역대 주요 인물(歷代主要人物) ················ 71

밀양임씨(密陽林氏)

시조(始祖) 및 본관(本貫)의 유래(由來) ············ 76
본관지(本貫地) 연혁(沿革) ····················· 76
역대 주요 인물(歷代主要人物) ················ 77

보성임씨(寶城林氏)

시조(始祖) 및 본관(本貫)의 유래(由來) ············ 80
본관지(本貫地) 연혁(沿革) ····················· 80
역대 주요 인물(歷代主要人物) ················ 81

선산임씨(善山林氏)

시조(始祖) 및 본관(本貫)의 유래(由來) ············ 84
본관지(本貫地) 연혁(沿革) ····················· 85
항렬(行列)과 세계(世系) ······················ 86
  항렬표(行列表) ······························ 86
  세계도(世系圖) ······························ 87
역대 주요 인물(歷代主要人物) ················ 88

순창임씨(淳昌林氏)

시조(始祖) 및 본관(本貫)의 유래(由來) ············ 112
본관지(本貫地) 연혁(沿革) ···················· 113
항렬(行列)과 세계(世系) ····················· 114
  항렬표(行列表) ······························ 114

세계도(世系圖) ·· 115
역대 주요 인물(歷代主要人物) ································ 116

안동임씨 (安東林氏)

시조(始祖) 및 본관(本貫)의 유래(由來) ············· 130
본관지(本貫地) 연혁(沿革) ································ 130
세계도(世系圖) ·· 132
역대 주요 인물(歷代主要人物) ································ 133

안의임씨 (安義林氏)

시조(始祖) 및 본관(本貫)의 유래(由來) ············· 138
본관지(本貫地) 연혁(沿革) ································ 138
역대 주요 인물(歷代主要人物) ································ 139

예천임씨 (醴泉林氏)

시조(始祖) 및 본관(本貫)의 유래(由來) ············· 144
본관지(本貫地) 연혁(沿革) ································ 145
항렬(行列)과 세계(世系) ···································· 146
  항렬표(行列表) ·· 146
  세계도(世系圖) ·· 148
역대 주요 인물(歷代主要人物) ································ 149

본관미상(本貫未詳) 및 기타(其他) ············185

차 례

【卷之下】

선조유적 화보(先祖遺蹟 畵報) ·············· 3

임씨 상계(林氏 上系)

　　임씨의 시원(林氏의 始原) ····················· 66
　　도시조(都始祖) 임팔급(林八及) ············· 67
　　우리나라 임씨의 상계(上系) ················· 69
　　분적 현황(分籍 現況) ··························· 72

옥구임씨(沃溝林氏)

　　시조(始祖) 및 본관(本貫)의 유래(由來) ········ 78
　　본관지(本貫地) 연혁(沿革) ·················· 78
　　역대 주요 인물(歷代主要人物) ············· 79

옥야임씨(沃野林氏)

　　시조(始祖) 및 본관(本貫)의 유래(由來) ········ 87
　　본관지(本貫地) 연혁(沿革) ·················· 87
　　항렬표(行列表) ····································· 88
　　역대 주요 인물(歷代主要人物) ············· 88

차 례

울진임씨 (蔚珍林氏)

시조(始祖) 및 본관(本貫)의 유래(由來) ············· 94
본관지(本貫地) 연혁(沿革) ·················· 94
항렬(行列)과 세계(世系) ··················· 95
   항렬표(行列表) ························ 95
   세계도(世系圖) ························ 96
역대 주요 인물(歷代主要人物) ················ 97

은진임씨 (恩津林氏)

**시조(始祖) 및 본
관(本貫)의 유래(由來)** ··················· 106
본관지(本貫地) 연혁(沿革) ················· 107
항렬(行列)과 세계(世系) ··················· 108
   항렬표(行列表) ························ 108
   세계도(世系圖) ························ 109
역대 주요 인물(歷代主要人物) ················ 110

익산임씨 (益山林氏)

시조(始祖) 및 본관(本貫)의 유래(由來) ············· 128
본관지(本貫地) 연혁(沿革) ·················· 128
항렬표(行列表) ························ 129
역대 주요 인물(歷代主要人物) ················ 130

임하임씨 (臨河林氏)

시조(始祖) 및 본관(本貫)의 유래(由來) ············· 134
본관지(本貫地) 연혁(沿革) ·················· 134
역대 주요 인물(歷代主要人物) ················ 135

차 례

장흥임씨 (長興林氏)

시조(始祖) **및 본관**(本貫)**의 유래**(由來) ············ 138
본관지(本貫地) **연혁**(沿革) ································· 139
항렬(行列)**과 세계**(世系) ···································· 140
  항렬표(行列表) ·· 140
  세계도(世系圖) ·· 141
역대 주요 인물(歷代主要人物) ···························· 142

전주임씨 (全州林氏)

시조(始祖) **및 본관**(本貫)**의 유래**(由來) ············ 150
본관지(本貫地) **연혁**(沿革) ································· 150
항렬표(行列表) ·· 151
역대 주요 인물(歷代主要人物) ···························· 152

조양임씨 (兆陽林氏)

시조(始祖) **및 본관**(本貫)**의 유래**(由來) ············ 158
본관지(本貫地) **연혁**(沿革) ································· 158
항렬(行列)**과 세계**(世系) ···································· 159
  항렬표(行列表) ·· 159
  세계도(世系圖) ·· 160
역대 주요 인물(歷代主要人物) ···························· 162

진천임씨 (鎭川林氏)

시조(始祖) **및 본관**(本貫)**의 유래**(由來) ············ 168
본관지(本貫地) **연혁**(沿革) ································· 168
항렬(行列)**과 세계**(世系) ···································· 169

항렬표(行列表) ··· 169
세계도(世系圖) ··· 170
역대 주요 인물(歷代主要人物) ····························· 171

본관미상(本貫未詳) 및 기타(其他) ········189

일러두기

1. 이 책은 전통적인 족보(族譜)와 보첩(譜帖)의 체제에서 벗어나 선조(先祖)들의 구체적인 행적(行蹟)에 대해 일반인들과 젊은 세대(世代)가 쉽게 보고 이해할 수 있도록 하는 것에 주된 방향을 맞추어 편찬하였습니다. 때문에 어려운 한문체(漢文體)의 내용이나 중복되는 내용이 많은 것은 배제하였습니다.

2. 본 보첩(譜牒) 편찬의 근본정신은 오랜 역사를 거쳐 오면서 유실된 사료(史料)와 각 씨족별로 나타나는 복잡하고 많은 이설(異說) 등의 다양한 견해(見解)를 모두 반영하기 보다는 자라나는 어린 후손들에게 보다 쉽고 친근하게 선조의 씨족사를 이야기하고 선조의 발자취를 보여줌으로써 자긍심을 키우고 미래를 밝혀줄 바른 정신을 전하고자 하는데 있음을 밝혀둡니다.

3. 본 서(書)는 각 성씨별, 관향별 종친회(宗親會)와 그 외 각 지파(支派)에서 발간해온 보첩과 자료를 주로 참고하였으며, 일반 서적과 사전류에 수록된 내용들도 발췌 정리하여 엮음으로써 가능한 한 많은 내용을 담도록 노력하였습니다.

4. 수록된 관향의 순서는 가나다순(順)으로 하였으나 편집의 편의상 선후가 바뀔 수도 있음에 양해를 구하며, 인물의 경우 계대를 따르는 것을 원칙으로 하였으나 여의치 않을 경우 대략적인 활동 연대순을 따랐습니다.

5. 각 본관별(本貫別) 내용 구성은 먼저 주요 선조의 유적 유물 사진을 수록하고, 연원(淵源)과 씨족사(氏族史), 세계(世系)과 행렬(行列) 등을 한눈에 이해하기 쉽게 정리하고, 그리고 역대 주요 명현(名賢)의 생애와 업적을 이해하기 쉬운 약전(略傳) 형식으로 수록하였습니다.

6. 수록한 내용과 인물들은 삼국유사《三國遺事》, 삼국사기《三國史記》, 고려사《高麗史》, 조선왕조실록《朝鮮王朝實錄》, 고려공신전《高麗功臣傳》, 국조방목《國朝榜目》 등의 일반 사료(史料)의 기록을 기반으로 하여 각 성씨별 문중(門中)에서 발행한의 보첩에 나타나 있는 명현(名賢)을 망라하였으나 자료의 미비로 부득이 누락된 분들은 다음 기회에 보완 개정하고자 합니다.

임씨상계 林氏上系

임씨 상계(林氏 上系)

임씨의 시원(林氏의 始原)

  임씨(林氏)의 시원(始原)을 거슬러 올라가면, 그 뿌리는 3천 년 전으로 득성조(得姓祖) 임견(林堅)과 그의 부친인 비간(比干)이 계신다. 비간(比干)은 중국 황제(黃帝) 헌원(軒轅)의 33세손이자 은(殷)나라 마지막 왕자로 당시 삼인(三仁)의 한사람으로 추앙받았으며, 중국에서는 오늘날까지 삼인사(三仁祠) 등에서 영정을 모시고 제향을 올리고 있다.

  약 3천 1백여 년 전, 은상(殷商) 왕조 말년에 은나라 최후의 왕인 주왕(紂王)은 매우 포악하고 음란하여 조정 대신 사이에 걱정과 불만이 쌓여가고 있었다. 당시 은나라 왕실에는 주왕의 숙부인 비간(比干)과 기자(箕子), 그리고 주왕의 이복 형제인 미자(微子)가 있었는데, 후에 공자는 이 세 사람을 '은삼인(殷三仁)' 이라 하였다. 주왕의 숙부인 비간이 "신하되는 자가 군왕이 무도함을 보고 죽음으로써 간하지 않으면 신하가 아니다" 라고 하면서 주왕에게 성탕(成湯)이 상 왕조를 건립할 당시의 고난과 역경에 대하여 진언하였다. 주왕이 이를 듣지 않자 비간은 궁문 앞에 꿇어 앉아 3일 밤낮을 떠나지 않고 충언을 받아줄 것을 간청하였다. 결국 비위가 상한 왕이 말하기를, "비간은 우리 왕조의 괴인(怪人)이고, 그의 마음은 일곱 가지 모습을 갖고 있다고 사람들이 말하던데, 과연 그의 마음은 여러 개가 있는 것 같다." 하면서 공에게 할복을 시키고 그 심장을 도려내라고 명하였다. 주왕의 이런 잔혹성은 백성들의 분노를 키웠으며, 주왕도 주(周)의 무왕(武王)에게 나라를 넘겨주고 불에 타 죽는 최후를 맞이하게 된다.

  비간의 자손은 이 난을 피하여 하남성 위휘시 목야(牧野)에 있는 장림산(長林山)으로 피신하였는데, 이때 태중(胎中)에 아이를 갖고 있던 정부인(正夫人) 진씨(陳氏)가 아들을 낳으니 천(泉)이라 하였다. 마침내 은나라가 망하고 주(周)나라가 건국되자 주의 무왕(武王)이 비간의 아들 천을 찾아 장림산 석실에서 태어났다 하여 장림산 중의 임(林)자를 빼어 임씨(林氏)라 사성(賜姓)하였고, 견고하게 자라라는 뜻으로 견(堅)이라는 이름을 하사했다. 주나라 무왕은 견(堅)에게 은나라의 후예로서 선대조의 제사를 받들 자손이라 하여 공작에 봉하고 땅을 주었다. 그 후 그는 대부(大夫)가 되었고 목사와 방백을 지내니, 이로부터 임씨(林氏)가 발원하여 오늘에 이르고 있다. 태시조(太始祖) 비간의 능과 득성조(得姓祖) 임견(林堅)의 출생지는 중국 하남성 위휘시에 현재까지 잘 보존되어 있어 매년 음력 4월 4일에는 임씨 후손들이 제향을 올리고 있다.

이후 득성조(得姓祖)의 80세(世)인 임온(林蘊)의 9형제가 모두 자사(刺史)를 지내어 구목사(九牧祠)라 칭하였고, 그의 고손(高孫)인 임팔급(林八及)이 중국에서 동도(東渡)하여 우리나라 임씨의 시조가 되었다는 것이 오늘날 한국임씨의 동도시조설(東渡始祖說)이다.

임씨(林氏)는 3천여 년 전에 득성(得姓)한 이래로 고대 중국에서 2천년을, 그리고 우리나라에서 천여 년의 세월을 이어 왔으며, 전 세계 인구수가 약 7천만에 이르는 거성(巨姓)으로, 현재 한국의 임씨 종친은 약 9십만 명에 이르고 있다.

도시조(都始祖) 임팔급(林八及)

우리 나라 임씨는 약 1,100년 전인 통일신라시대에 당(唐)에서 망명한 임팔급(林八及)의 후손에서 비롯하여 오늘날 우리나라 임씨의 시조가 되었다. 한국임씨의 도시조(都始祖)인 임팔급(林八及)은 지금으로부터 1천 백여 년 전 중국 당(唐)나라 팽성현(彭城縣)에서 한림학사 병부시랑(翰林學士 兵部侍郞)을 지냈다. 당시는 당나라 말기로 혼란이 끊이지 않았는데, 이에 임팔급은 동료 7학사(七學士)와 함께 침입자를 피하여 고향 중국 팽성에서 배를 타고 파도에 밀려 신라(新羅) 아산만 상류에 닿게 되어 이곳에 정착하여 살게 되었다. 이 팔학사 동도설(八學士 東渡說)은 각 성보(姓譜)에도 기록되어 있는데, 동도 시기 등은 서로 혼재되어 있으나 동도는 공통된 사실로 나타나 있어 그 자취를 확인할 수 있다.

임팔급은 이후 지금의 평택군(平澤郡) 팽성(彭城) 용주방(龍珠坊)에 터전을 잡고 나라에 미친 공훈(功勳)이 커서 팽성군(彭城君)에 봉작(封爵)을 받았고, 후손들이 오늘의 지명(地名)인 평택(平澤)을 본관(本貫)으로 삼게 되었다.

임씨 상계(林氏 上系)

팔급공의 동도(東渡) 연대는 상계(上系) 정립(定立)에 중요한 요인으로서 지금까지는 당나라 문종(文宗 : 827~840)조라는 설과 후당(後唐) 명종(明宗 : 926~933)조라는 설이 있고, 일반적으로는 850년에서 900년 전후라고만 전해 오고 있다. 현재 다양한 사료와 사적을 통하여 추정되고 있는 시기는 대략 다음과 같다.

최근 한국 임씨 원류(源流)에서 밝혀진 득성 80세 임온(林蘊)이 구목연파(九牧衍派) 제육방(第六房)의 시조로 당나라 정원(貞元) 4년(788)에 명경과(明經科)에 급제(及第)한 사료(史料)와 임팔급(林八及)의 종조부(從祖父)격인 임동(林同)이 821년 급제, 임팔급의 동항(同行)인 임상청(林尙淸)이 866년 급제하였다는 등의 기록이 중국 자료에 명기되어 있는데, 임온이 임팔급의 고조부(高祖父)가 되므로 이러한 중국 자료를 종합하면 대략 870년경으로 추정된다.

임양저(林良貯)는 신라 경순왕(敬順王)의 왕자 정현(貞顯)의 사위로서 재상된 행적이 나타나 있는데, 고려 건국이 918년, 신라 멸망이 935년, 당나라 멸망이 907년, 후당(後唐)은 923~935년인 점으로 보아 위의 추론이 뒷받침된다.

임팔급은 당 덕종(德宗) 을사생(乙巳生)이며 당년 18세에 등과하여 한림학사를 역임하다 간신들에게 참소를 받아 7학사(學士)와 함께 동도하여 신라 신덕(神德)왕 때 이부상서(吏部尙書)를 역임하였다는 기록이 부안임씨선조보감(扶安林氏先祖寶鑑)에 남아 있다.

비간문화연구회(比干文化研究會) 임수단(林樹丹) 종장(宗長)이 당나라 말경에 임팔급이 바다 건너 신라에 간 후 1088년 만에 임윤화(允華 : 林氏上系 研究調査) 고문이 중국방문단을 인솔하여 조상의 뿌리도 찾고 조상의 유적을 참배한 일은 팔민(팔민은 중국 하남성, 복건성, 대만에 사는 임씨를 총칭함)을 놀라게 했다는 자료를 찾을 수 있다.

또한 임팔급의 후손들이 사료(史料)에 나와 있는 사실을 연대로 역산했을 때 870년 전후가 타당하다는 것을 알 수 있다.『고려사(高麗史)』에는 임언(林彦)을 고려 태조 10년(927) 당나라에 사신으로 보내고, 임희(林禧)는 1045년 송나라 대상(大商)과 토산물을 교류했고, 임명필(林明弼)은 918년에 순군부령(巡軍部令)으로, 임희(林曦)는 병부령(兵部令)으로 명했으며,

임씨 상계(林氏 上系)

그 외에도 임적여(林積璵)는 광평시랑(廣評侍郎)으로, 임상난(林湘煖)을 도항사향(都航司鄕)으로, 임식(林寔)은 광평낭중(廣評郎中)으로 하였다는 사료가 있다.

우리나라 임씨의 상계(上系)

중앙회(中央會)는 2000년 11월에 대전(大田) 뿌리공원에서, 2001년 7월에는 예천 옥천서원(玉川書院)에서 두 차례의 족보연구 분과위원회 세미나를 개최했는데, 이를 통하여 집약된 내용은 다음과 같다. 하지만 도시조(都始祖) 임팔급에서 임몽주까지는 단관(單貫) 평택(平澤)으로 내려오다가 임몽주의 구미(九美) 아들 대에서 여러 관으로 분관되었으나 상계의 계대가 아직 확연하게 정립되지 않은 실정이다

계대(系代)를 고증하는 구보(舊譜) 자료로는, 1829년 기축보(己丑譜), 을진관, 1871년 임신보(壬申譜), 평택관, 1874년 임씨세가대동보(林氏世家大同譜), 1899년 임씨대동세보(林氏大同世譜), 1924년 팽성임씨대동보(彭城林氏大同譜 甲子譜) 등이다. 이들 구보에는 모두 일세(一世), 이세(二世), 삼세(三世) 등으로 되어 있거나, 세대(世代) 기록 없이 차례대로 편제(編制)되어 있다.

구미(九美:아홉 美의 손(孫) 중 임계미(林季美) 계(系)는 순창관조(淳昌貫祖)를 임득우(林得雨)로, 예천관조(醴泉貫祖)를 임몽주(林夢周)로, 부안관조(扶安貫祖)를 임계미(林季美)로 하여 3세대가 위의 구보(舊譜)에 기록되어 있다. 또한 구보 자료에 1874년 임씨세가대동보(林氏世家大同譜) 권지일(卷之一)의 임팔급(林八及) 난에 평안도 개천(价川) 묘향산에 세워진 임팔급(林八及)의 묘갈명(墓碣銘)을 증손 충숙공(忠肅公)이 찬(撰)하였다는 자료가 있다. 이것은 충숙공(忠肅公)인 임희(林禧)가 임팔급의 증손자로 임팔급이 증조부이며, 임양저(林良貯)가 조부, 임무(林石茂)가 아버지라는 사대(四代)의 계대(系代)를 보여준다.

중국 족보에서 임온을 찾아 임팔급의 계대를 찾으니 득성조 임견(林堅, B.C1121)으로부터 80세인 임온(林蘊), 81세인 임원(林愿:807년), 82세인

임씨 상계(林氏 上系)

임옹(林邕), 그리고 83세는 문범(文範)과 문회(文回)가 대를 이었는데, 이 시기가 당 말이었고, 임문범은 대종손에 자손이 없는 것으로 보아 임팔급을 아들이라고 판단하여 연결하니 득성임씨 84세요, 임온의 고손으로 계대가 이어지는 것으로 추정하기도 한다.

연대 상으로 임팔급의 상대(上代)에 고조부인 임온(林蘊)의 관직 년대가 788년, 종조부인 임동(林同)이 821년에 급제하고, 팔급과 동항(同行)인 임상청(林尚淸)이 866년에 급제하였다는 것에서 임팔급(林八及)이 870년경에 동도(東渡)하고 7세인 임몽주(林夢周)까지 1세대를 평균 25년으로 추정해 본다면 1020년이 되고 1세대를 평균 30년으로 본다면 1050년이 되는데, 임몽주의 관직 년도가 1010~1031년이므로 연대 상으로 보아도 타당함을 보여준다.

임팔급(林八及 : 忠節公, 一世)

870년 경 중국 복건성(福建省) 동령(東鈴) 팽성(彭城)에서 7학사(七學士)와 함께 당(唐)나라 말기의 혼란을 피해 지금의 평택시 팽성(彭城)읍에 동도하였다. 당나라에서는 18세에 한림학사(翰林學士)를 지냈고, 신라에서는 이부상서(吏部尙書)의 높은 벼슬에 이르렀으며, 변방 외적의 침입을 막은 큰 공을 세웠다. 시호(諡號)는 충절공(忠節公)이며 묘소는 팽성읍 안정리에 있고, 묘갈명(墓碣銘)은 증손 충숙공(忠肅公)이 썼다. 배위(配位)는 정경부인(貞敬夫人) 복주김씨(福州金氏)이다.

임양저(林良貯 : 太師公, 二世)

신라조에 출사하여 태사(太師)와 상장군(上將軍), 중랑장(中郞將)에 이르렀다. 경순왕자(敬順王子) 정현(貞顯)의 사위이며 덕이 있는 재상으로 충직의 절개가 높았는데, 경순왕(敬順王)이 고려에 귀순을 하려고 할 때 군주의 도리가 아니라고 직간하여 왕의 노여움을 사 선산(善山)으로 유배되어 생애를 마쳤다. 배위는 정경부인 경주김씨이고 부는 정현(貞顯)이며, 묘지는 선산(善山) 야성(野城)에 있다.

임씨 상계(林氏 上系)

임 무(林 碔 : 忠烈公, 三世)

벼슬이 상장군(上將軍)에 이르고 공이 있어 평택군(平澤君)에 봉작하였으며 시호(諡號)는 충렬공(忠烈公)이다. 배위(配位)는 정경부인(貞敬夫人) 개성왕씨(開城 王氏)이다. 묘지는 평안도 개천 운암동(平安道 介川 雲岩洞)에 있으며 묘갈명(墓碣銘)은 후손 충정공(忠貞公) 임언수(林彥脩)가 썼다.

임 희(林 禧 : 忠肅公, 四世)

고려 벽상삼한삼중대광(壁上三韓三重大匡)의 관직에 오르고 시호는 충숙공(忠肅公)이다. 배위는 정경부인(貞敬夫人) 여흥송씨(驪興宋氏)이다. 묘지는 개성 남산(開城 南山)에 있으며 묘갈명(墓碣銘)은 후손 충정공(忠貞公) 임언수(林彥脩)가 썼다.

임 면(林 冕 : 侍中公, 五世)

고려에서 문하시중(門下侍中) 상장군 동 평장사(上將軍同平章事)의 관직에 올랐다. 배위는 정경부인 평양조씨(平壤趙氏)와 정경부인 초계정씨(草溪鄭氏)이며, 묘지는 고위 동원 유생합(考位 同原 酉生合)이다.

임득우(林得雨 : 六世)

고려에서 시금위(侍禁衛)의 관직에 올랐고, 배위(配位)는 정경부인(貞敬夫人) 개성왕씨(開城王氏)로 윤(倫)의 따님이다. 묘지는 평택시 팽성읍 용주방(龍珠坊)에, 배위(配位) 묘는 용인 대치(龍仁 大峙)에 있다.

임몽주(林夢周 : 忠宣公 , 七世)

고려에서 평찰품사(評察品事)의 관직에 올랐다. 아우가 임몽정(林夢程), 임몽상(林夢商)이 있으며, 구미(九美) 즉 임자미(林自美), 임계미(林秀美), 임견미(林見美), 임두미(林斗美), 임기미(林箕美), 임윤미(林允美), 임백미(林伯美), 임중미(林仲美), 임계미(林季美)의 아홉 아들을 두고 이들이 모두

임씨 상계(林氏 上系)

군(君)으로 봉작(封爵)한 인연으로 많이 분관하였다.
 배위는 정경부인(貞敬夫人) 풍천 임씨(豊川任氏)이고, 묘소는 아산 구월동(牙山 九月洞)에 있으며, 시호는 충선공(忠宣公)이다.

분적 현황(分籍 現況)

임씨(林氏)는 오랜 세월에 거쳐 많은 갈래로 분적하여 관(貫)이 다를지라도 팔급(八及)을 도시조(都始祖)로 섬기고 있는 것이다.
 임씨(林氏)는 크게 나주임씨(羅州林氏)과 평택임씨(平澤林氏)로 나뉜다. 나주임씨의 시조는 고려 때의 임비(林庇)를 시조로 하고 있으며, 회진관(會津貫) 역시 나주의 예전 지명으로 본관명을 바꾼 것이니 나주임씨로 볼 수 있다. 평택임씨는 은(殷)나라의 태보(太保)로서 비간(比干)의 후손 임팔급(林八及)을 도시조로 하는 동계혈족(同系血族)이며, 대종(大宗)인 평택임씨에서 분파된 분적종(分籍宗)으로 보고 있으며, 대부분 임씨의 관향(貫鄕)은 이 평택 임씨에서 분관되었음이 일치하고 있다.
 현재 전해지고 있는 임씨(林氏)의 본은 30여 본(本)으로 관향이 많이 갈라져 종파는 많이 있으나 대개가 1,000년경 아홉 형제에서 파생되어 내려왔고, 이 외에 진천(鎭川)과 안동(安東) 관향은 이보다 윗대에서 갈라져 온 것으로 추정하고 있다.
 이후 1300년대에 나주(羅州), 은진(恩津), 평택(平澤), 장흥(長興), 조양(兆陽), 선산(善山), 회성(檜城), 울진(蔚珍), 예천(醴泉), 순창(淳昌), 부안(扶安) 관이 생겼고, 이후에 전주(全州), 옥야(沃野), 보성(寶城), 임하(臨河), 경주(慶州), 밀양(密陽), 안의(安義), 임피(臨陂) 관 등으로 분관하였다.
 인구로 본 규모로 볼 때, 1960년도 국세조사에서는 7만 2,663가구에 인구 41만 3101명으로 성별순위는 258성 중 제10위였고, 1985년도 조사에서는 가구수 15만 9,371가구, 전국 가구 구성비 1.7 응로 274성 중 제10위였으니 명실상부 우리나라 10대 거성(巨姓)으로 꼽힌다.

임씨 상계(林氏 上系)

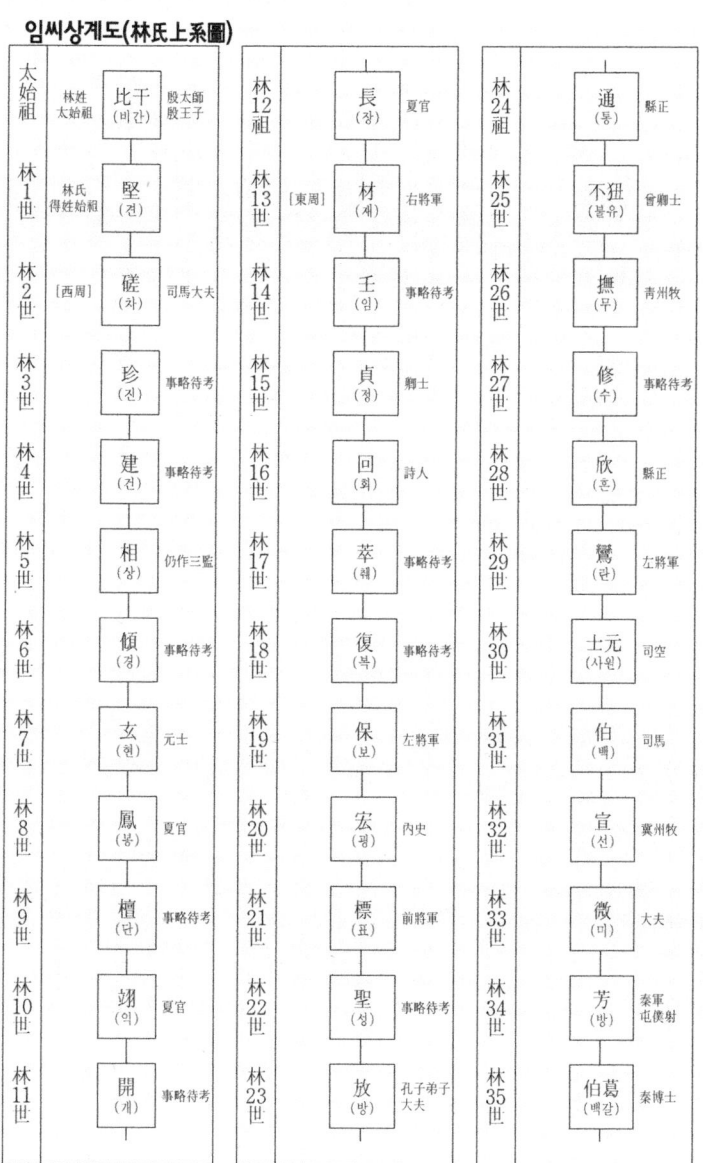

임씨 상계(林氏 上系)

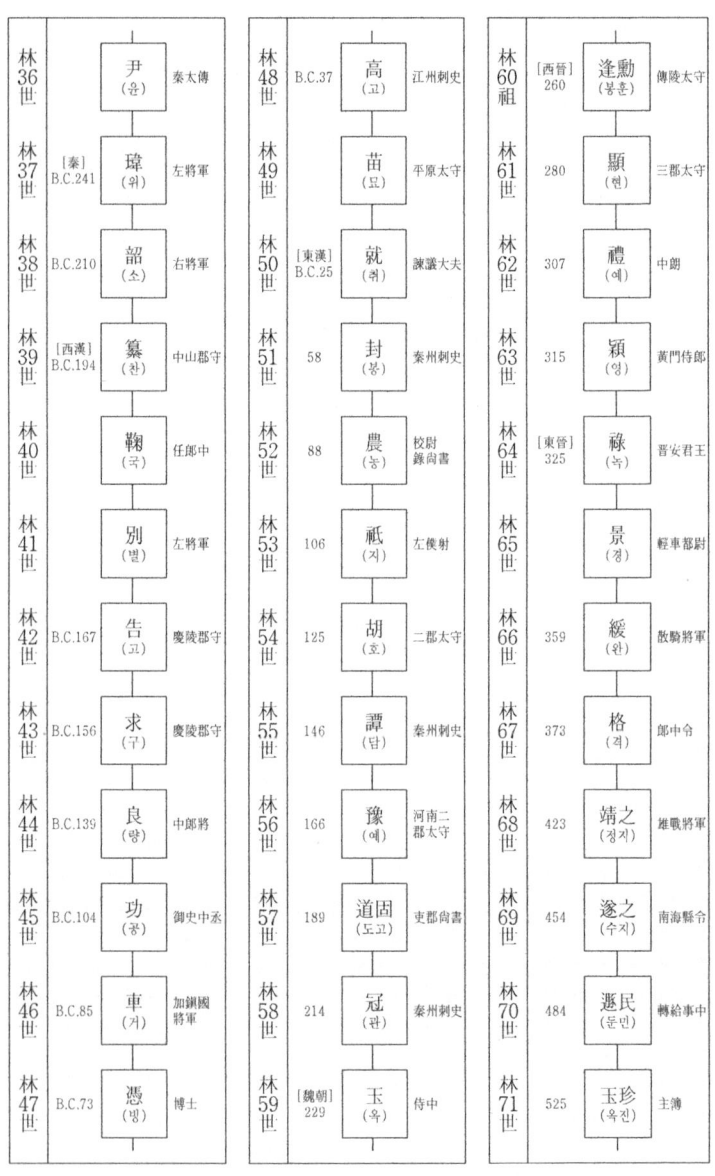

世	연대	이름	관직
林36世		尹(윤)	秦太傅
林37世	[秦] B.C.241	瑋(위)	左將軍
林38世	B.C.210	韶(소)	右將軍
林39世	[西漢] B.C.194	纂(찬)	中山郡守
林40世		鞠(국)	任郎中
林41世		別(별)	左將軍
林42世	B.C.167	吉(고)	慶陵郡守
林43世	B.C.156	求(구)	慶陵郡守
林44世	B.C.139	良(량)	中郞將
林45世	B.C.104	功(공)	御史中丞
林46世	B.C.85	車(거)	加鎭國將軍
林47世	B.C.73	憑(빙)	博士
林48世	B.C.37	高(고)	江州刺史
林49世		苗(묘)	平原太守
林50世	[東漢] B.C.25	就(취)	諫議大夫
林51世	58	封(봉)	秦州刺史
林52世	88	農(농)	校尉錄尙書
林53世	106	祗(지)	左僕射
林54世	125	胡(호)	二郡太守
林55世	146	譚(담)	秦州刺史
林56世	166	豫(예)	河南二郡太守
林57世	189	道固(도고)	吏郡尙書
林58世	214	冠(관)	秦州刺史
林59世	[魏朝] 229	玉(옥)	侍中
林60祖	[西晉] 260	逢勳(봉훈)	傅陵太守
林61世	280	顯(현)	三郡太守
林62世	307	禮(예)	中朗
林63世	315	穎(영)	黃門侍郞
林64世	[東晉] 325	祿(녹)	晉安君王
林65世		景(경)	輕車都尉
林66世	359	綏(완)	散騎將軍
林67世	373	格(격)	郞中令
林68世	423	靖之(정지)	雜職將軍
林69世	454	遂之(수지)	南海縣令
林70世	484	遯民(둔민)	轉給事中
林71世	525	玉珍(옥진)	主簿

임씨 상계(林氏 上系)

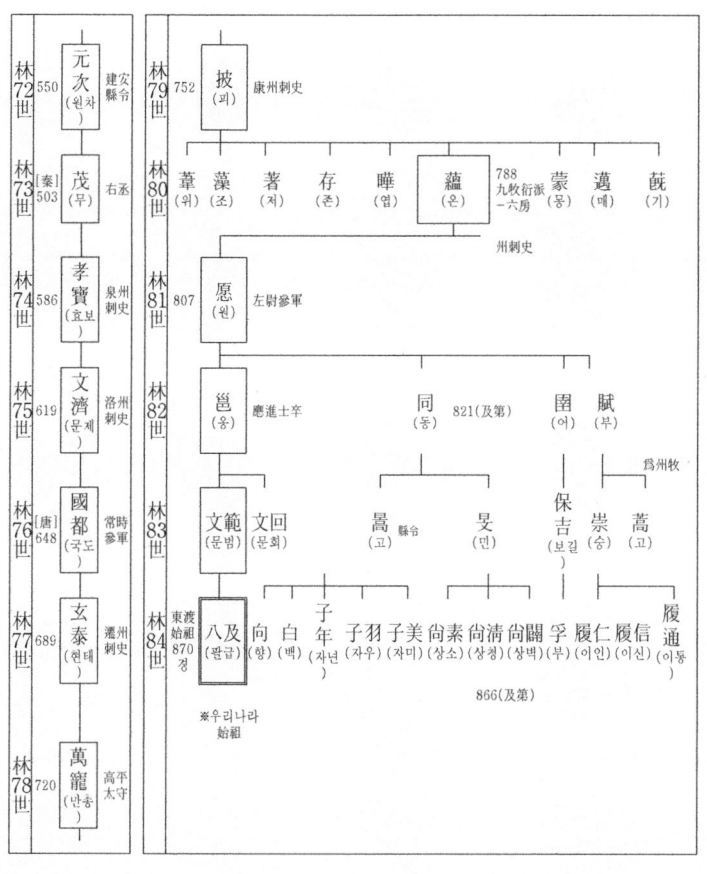

자랑스런 임(林)씨이야기 · 61

경주 임씨

慶州 林氏

경주임씨(慶州林氏)

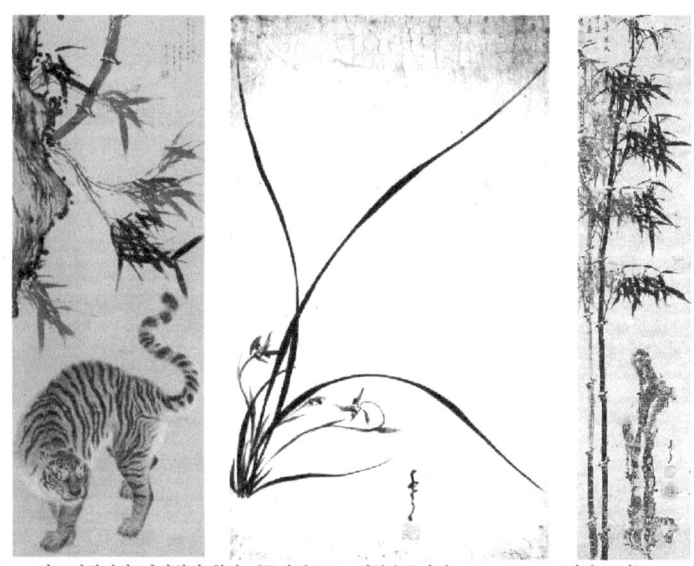

좌: 임희지와 김정희의 합작. 「죽하맹호도」 견본수묵담채, 90 x 34cm. (개인 소장)
중: 중임희지의 「묵난도」. 62.5x38.5. (국립중앙박물관 소장)
우: 임희지 「묵죽」. 120.9×28.3. (간송 미술관 소장)

경주임씨(慶州林氏)

시조(始祖) 및 본관(本貫)의 유래(由來)

경주임씨(慶州林氏)는 고려 때 평찰품사(評察品事)를 지낸 충선공 임몽주(林夢周)의 17세손 임계정(林繼貞)을 일세조(一世祖)로 하고 있다. 『경주임씨세보(慶州林氏世譜)』에 의하면 관조(貫祖)인 계정(繼貞)은 연산 11년(1505)에 생원(生員) 곤(山昆)의 셋째 아들로 출생하여 인종조에 성균관(成均館)의 진사(進士)를 시작으로 벼슬길에 나가 경주 판관(慶州判官)을 지냈으므로 후손들이 경주(慶州)를 본관(本貫)으로 삼아 세계(世系)를 잇게 되었다.

경주관의 주요 인물로는 조선(朝鮮) 영조조에 송석원시사(松石園詩社)의 일원으로 활약한 수월당(水月堂) 임희지(林熙之)를 들 수 있다. 그는 한역관 출신으로 봉사(奉仕)를 지냈으며, 생황을 잘 불었고 대나무와 난초를 특히 잘 그려 묵죽은 강세황과 병칭될 만큼 명성이 높았던 예인(藝人)이다. 「묵죽도(墨竹圖)」, 「묵란도(墨蘭圖)」 등이 여러 점 전하는데, 특히 묵란은 추사 김정희 이전 작품으로 가장 높은 수준을 보여준다고 평가받고 있다.

본관지 연혁(本貫地 沿革)

경주는 경상북도 남동부에 위치하여 상고시대에는 진한(辰韓) 12국 중 사로국(斯盧國), 사라(斯羅), 사로(斯盧) 등으로 불렸고, 수도를 금성(金城)이라 하였다. BC 57년 신라 건국 후 56왕 992년간 왕조를 이어오면서 통일신라시대 민족문화의 본류를 형성하였다. 65년(탈해왕 9) 시림(始林)에서 김씨(金氏)의 시조(始祖)가 탄생하여 국호를 계림(鷄林)이라 하고, 기림왕 10년(307)에 최초로 국호를 신라(新羅)로 하였고, 고려 태조 18년(935) 신라 마지막 임금인 경순왕(敬順王)이 손위하였다.

고려 태조 18년(935) 처음 경주로 칭하였고, 성종 6년(987) 동경(東京)으로 개칭하고, 목종 11년(1008) 별칭으로 낙랑군(樂浪郡)이라 하다가 현종

경주임씨(慶州林氏)

21년(1030) 삼경(三京)제도가 실시되면서 동경(東京)을 설치하고 충렬왕(1308) 때 계림부로 개칭하였다.

조선조에 들어와 태종 13년(1413) 계림부를 경주부(慶州府)로 개칭하고, 여러 차례 변천을 거쳐 1895년 경주군(慶州郡)이 되었다.

1931년 경주면이 읍으로 승격(1읍 12면)하였고, 1937년 양북면 감포리와 8개리가 분리되어 감포읍으로 승격하였고, 1949년 강서면이 안강읍으로 승격하였다.

항렬표(行列表)

세	항렬자	세	항렬자	세	항렬자
17	鉉(현)	21	圭(규)	25	熙(희)
18	淳(순)	22	錫(석)	26	均(균)
19	植(식)	23	泳(영)		
20	炳(병)	24	相(상)		

경주임씨(慶州林氏)

역대 주요 인물(歷代主要人物)

임계정(林繼楨)

부안관(扶安貫) 임계미(林季美)로부터 12대손이며 서하(西河) 임춘의 5대손이다. 고려 말 공민왕 때 한림학사(翰林學士)로 있다가 고려가 망하자 이를 애도하여 공양왕 2년(1389)에 개경에서 통진으로 옮겼다.

이성계가 조선(朝鮮) 개국의 세력에 동참시키고자 그에게 벼슬을 제수하였으나 어명도 마다하고 불사(不仕)하였다.

임계정은 그때 삼학사(三學士)의 한사람으로 이들 제학 민유(閔愉), 주옹(周顒), 임계정(林繼楨)의 세 사람이 동시에 자리를 잡은 곳이 통진인데, 이들은 역성혁명 당시 절개를 고수하여 자손들에게 충효와 절개를 중시하고 면학에 힘쓰고 논밭이나 갈며 때를 기다리라는 교훈과 함께 은거하면서 교분관계를 유지하였다. 민유와 주옹 두 사람과 더불어 주고받은 싯구가 남아 있다.

현재 임계정의 묘소 일원의 토지는 당시 제수받은 토지로 그의 후손은 그로부터 20대(代)를 이어오면서 한 번도 이사한 일이 없고 절손(絶孫)된 일도 없으며, 후손과 함께 영원하다고 믿고 있다. 후손들이 매년 10월 10일 시제(時祭)를 올리고 있다.

임관옥(林寬沃)

임계정(林繼貞)의 큰 아들로 태어나 일찍부터 학문에 전념하여 성균관(成均館) 진사(進士)에 합격하여 경주 부윤(慶州府尹)을 지냈다.

임응옥(林應沃)

임계정(林繼貞)의 둘째 아들로 태어났으며, 진사(進士) 등과하여 나주현령(羅州縣令)을 지냈다. 봉익대부 삼사사장군(奉益大夫三司使將軍)에 증직

경주임씨(慶州林氏)

(贈職)되었다.

임희지(林熙之)

영조 41년(1765)에 태어났으며, 조선 후기의 문인화가이다. 자(字)는 경부(敬夫), 호(號)는 수월당(水月堂), 수월헌(水月軒), 수월도인(水月道人)이다. 한역관 출신으로 벼슬은 봉사를 지냈으며 문인 모임인 송석원시사(松石園詩社)의 일원으로 활약하였다. 조희룡(趙熙龍)의 「호산외사(壺山外史)」에 의하면, 키가 8척이나 되고 깨끗한 풍모를 지녔던 일세의 기인으로 생황을 잘 불었고 대나무와 난초를 특히 잘 그려 묵죽은 강세황과 병칭될 만큼 명성이 높았으며, 묵란은 오히려 강세황보다 나았다고 한다.

유작으로 패기와 문기가 넘치는 「묵죽도(墨竹圖)」, 「묵란도(墨蘭圖)」 등이 여러 점 전하는데, 특히 묵란은 추사 김정희 이전 작품으로 가장 높은 수준을 보여준다. 또한 단원 김홍도와 함께 그린 「죽하맹호도(竹下猛虎圖)」는 1978년도 작품으로 임희지가 무르녹는 필치로 녹죽을 쳤고 그 아래 김홍도가 호랑이를 그렸으며 서예가 황기천이 화면 오른쪽 상단에 가는 글씨로 제발을 쓴 것으로 3인의 독특한 운치를 엿볼 수 있는 작품으로 조선 후기 화단의 높은 수준을 보여주는 걸작 중의 하나로 꼽히고 있다.

대표작으로 「난죽도(蘭竹圖)」와 「묵란도」, 「삼청도(三淸圖)」 등이 있다.

길안임씨

吉安林氏

길안임씨(吉安林氏)

시조(始祖) 및 본관(本貫)의 유래(由來)

길안관의 시조 임박(林樸)은 임성찬(林成贊)의 아들이라고 전한다. 그는 공민왕 9년(1360) 문과에 급제하여 개성 참군사(開城參軍事)가 되고, 다음해 홍건적에게 개경이 함락되자 원수 전득배(全得培)의 참모로 전략을 세웠으며, 사적(史籍), 예서(禮書) 등을 땅에 묻어 보전했다. 이어 중서사인(中書舍人), 전교령(典校令), 성균좨주(成均祭酒), 대사성(大司成), 판전교시사(判典校寺事)에 이르렀다.

길안(吉安)은 경북 안동군에 있던 지명으로 본래 부곡(部曲)이었는데 문헌에 전하지 않아 본관의 유래나 정확한 세계(上系)를 알 수 없다.

본관지(本貫地) 연혁(沿革)

경상북도(慶常北道) 안동군(安東郡)에 있던 지명으로 안동시에서 24km 떨어진 곳에 위치한 산지의 면(面)이다. 본래 길안부곡(吉安部曲)으로 고려 충선왕(忠宣王) 때 길안현(吉安縣)으로 승격되었다가 조선 숙종(肅宗) 때 안동군(安東郡) 길안현(吉安縣)이 되었다.

1904년 길안현(吉安縣)과 임남현(臨南縣)으로 분리하였다가 1914년 길안현(吉安縣)과 임남현(臨南縣)을 다시 통합하여 길안면(吉安面)으로 개칭(改稱)되었다.

1974년 안동댐 건설로 인하여 지례리 일부와 임하면 현하리를 통합하였고, 1992년 임하댐 건설로 인하여 지례리는 없어졌으며, 1995년 안동시와 안동군의 통합으로 안동시 길안면이 되어 현재까지 이르고 있다.

길안임씨(吉安林氏)

역대 주요 인물(歷代主要人物)

임 박(林 樸)

임박은 고려 공민왕 9년(1360)에 국자 진사로 과거에 응시하여 을과로 급제한 뒤 개성참군(開城參軍)으로 선발되었다. 이듬해(1361)에 홍건적이 개성을 침범하자 병법에 밝음을 원수 김득배(金得培)에게 인정받아 그 토벌작전 계획에 참여하였다. 공민왕이 남천했을 때 춘추, 사적, 전교제향(典校祭享), 의범(儀範) 등 역사 및 의례서적을 땅 속에 묻었다가 적을 평정한 뒤 발굴함으로써 일부나마 보존하게 되었다.

공민왕 12년(1363)에 서장관(書狀官)으로서 이공수(李公遂)를 따라 원에 갔는데, 이때 덕흥군(德興君)이 왕위를 탐내어 원나라 순제(順帝)에게 고려왕이 홍건적에게 죽었다고 거짓으로 고하여 순제는 덕흥군으로 왕을 삼고자 하였다. 이에 임박은 이공수와 더불어 순제에게 "우리 임금은 홍건적을 쳐부수었고 여전히 무고합니다." 라고 하였다. 덕흥군이 자신을 따르지 않으면 죽을 수밖에 없을 것이라면서 전리총랑 벼슬을 주겠다고 하였으나 이를 거절하고, 중노릇 하던 덕흥군을 왕으로 받들 수 없다고 순제에게 말하였다. 임박이 본국으로 떠날 때 덕흥군이 시를 지어주기를 청하니 병풍 뒤에 다음과 같은 시를 써주었다.

제덕흥군소병(題德興君素屛)

근본을 버리고 세속 인심 끝만을 따르는 자들은 (棄本滔滔逐末行)
태산을 도리어 털끝만큼 가볍게 여긴다네. (泰産還似一毫輕)
채찍을 던지고 곧장 강을 건너가려 하고 (投鞭直欲橫江去)
떡이 먹고 싶다고 헛되이 땅바닥에 떡을 그리네. (嗜餠從勞畵地成)
독을 얻어 춤출 때 누가 깨어질 줄 알고. (得瓮舞時誰識破)
뒤섞여서 피리를 불며 영화를 구하는 사람같이 (吹竿混處謾求榮)
허튼 그림으로 남의 눈 미혹치 마소. (莫將繪事迷人目)
나는야 천연의 돌병풍을 사랑한다네. (我愛天然古石屛)

길안임씨(吉安林氏)

　다음 해에 귀국하자 왕이 임박에게 말하기를 "덕흥이 좋은 벼슬로 꾀어도 네가 받지 않았으니, 내가 좋은 벼슬로 표창하리라" 라고 하면서 중서사인(中書舍人)에 임명하였다. 그가 정심론상(正心論相) 20조목을 올리니 왕이 더욱 그를 중히 여겨 전의부령(典儀副令)에 임명하였고, 왕의 명령에 의하여 시정(時政)의 득실에 관하여 다시 10여 개 사항을 진술하였다. 이들 내용이 매우 적절하여 그는 전의령(典儀令)으로 승진하였다.

　임박은 그후 전교령에 임명되었으며, 공민왕 16년(1367) 2월에 원나라로부터 제주를 다시 고려에 예속시킨다는 조서를 받은 후 선무사에 임명된 임박이 제주(濟州) 고을에 갔다. 그는 만호(萬戶)에게 이르기를 "달달목자(達達牧子)가 반역하기를 좋아하니 마땅히 마음을 다하여 무마하고 회유하라" 하고, 성주왕자(星主王子)에게는 이르기를 "그대들은 여러 대를 복종하여 섬겨 왔고, 역대로 그대들을 대접하기를 심히 두터이 하였으니 마땅히 마음을 한결같이 하여 목자(牧子)로 더불어 변란을 선동하지 말라" 하였다. 이에 성주왕자와 군사 및 백성들이 모두 꿇어 엎드려서 말하기를 "명령대로 복종하겠습니다" 라고 하였다.

　이전에 선무하는 자들은 대개 탐오 포악하여 인민의 재물을 함부로 탈취하였으므로 몽고 목자들이 인민을 꾀어 자주 반란을 일으킨 것이다. 그러나 임박이 물(水) 이외에는 차 한 잔도 백성의 것을 입에 대지 않는 것을 보고 사람들은 크게 기뻐하면서 "성인이 왔다. 조정에서 보낸 관원이 모두 임선무(林宣撫)와 같다면 우리들이 어찌 반역하겠는가?" 하였다. 그는 그해(1367) 성균좨주(成均祭酒)가 되어 글을 올려 과거를 전적으로 중국에서 하는 수검통고(搜檢通考) 방법에 의해서 치를 것을 건의하여 이듬해부터 선비 뽑는 방법을 개혁하였다.

　그는 또 성균관(成均館)을 개조하고 국학을 숭문관 옛 터에 고쳐짓도록 하되, 서울과 지방의 문관들이 직품에 따라 베[布]를 내어 그 비용을 보조하게 하며, 생원을 더 모집하여 일상적으로 100명을 양성할 것을 건의하였다. 이때부터 처음으로 국학을 오경재(五經齋)와 사서재(四書齋)로 나누었다.

　그해 그는 대사성(大司成)에 승진하였고, 다시 발탁되어 차자방지인(箚子房知印)이 되었으며, 추정도감(推整都監)을 설립토록 건의하여

길안임씨(吉安林氏)

그 도감사(都監使)로 임명되어 많은 쟁송사건을 공평하게 처리하였다.

임 가(林 稼)

임가의 아버지 임박(林樸 ; 安東府 吉安縣 사람)은 고려의 승지(承旨)일 때 누이동생에게 종과 재산을 모두 주어 시집보냈다. 임박이 죽은 후 누이동생은 남편과 상의하여 종들을 임박의 남동생 임근(林根), 임수(林樹), 임주(林株)와 임박의 아들 임가(林稼)에게 나누어 주었다.

세종 8년(1426) 2월에 행사직(行司直) 임가(林稼)는 종 백동(白同)이 주인을 배반하고 일도 안한다고 하여 심하게 구타하고 체형을 가했는데, 이것이 문제가 되어 임가가 장형에 처해지고 직첩을 회수당했다. 다음 해 (1427) 9월에 집안(형제자매간)의 일들을 조정에서 의롭게 여기고 임가에게 직첩을 다시 돌려 줄 것을 청하니 임금이 윤허했다. (세종실록)

밀양임씨

密陽林氏

밀양임씨(密陽林氏)

시조(始祖) 및 본관(本貫)의 유래(由來)

밀양관(密陽貫)은 임계종(林繼宗)을 일세조로 하고 있는데, 임계종은 예천관(醴泉貫)의 분관조 임춘(林椿)의 증손인 전서공(典書公) 임난수(林蘭秀)의 현손 임곤(林鵾)의 둘째 아들이다. 문헌이 없어 정확한 세계(世系)를 알 수 없다.

본관지(本貫地) 연혁(沿革)

밀양은 삼한시대에 미리미동국(彌離彌東國)이 있던 곳으로 비정되고 있다. 신라 때에는 추화군(推火郡 : 밀벌 또는 미리벌의 한자 표기)이 설치되었다. 경덕왕 16년(757)에 밀성군(密城郡)으로 고치고 밀진현(密津縣), 상약현(尙藥縣), 오악현(烏嶽縣), 형산현(荊山縣), 소산현(蘇山縣)을 영현(領縣)으로 관할했다.

고려시대에 들어 성종 14년(995)에 밀주(密州)로 개칭했고, 고려초에 오악현, 형산현, 소산현은 청도군으로 이관되었다. 현종 9년(1018년)에 밀성군(密城郡)이 되어 창령군, 청도군과 현풍현, 계성현(桂城縣), 영산현(靈山縣), 풍각현(豊角縣)을 속군현으로 포함했다가 충렬왕 1년(1275)에 군민의 모반 사건으로 귀화부곡(歸化部曲)으로 강등되어 계림부(鷄林府 : 경주)에 병합되었다. 후에 현으로, 1285년에는 군으로 승격되었으나 곧 현으로 강등되어 계림부(鷄林府 : 慶州)에 편입되었다가 후에 현으로 승격하였다. 1285년에는 군으로 승격되었으나 다시 현으로 강등되었다가 공양왕 2년(1390년)에 밀양부로 승격하였다.

조선 태종 15년(1415년)에 밀양도호부가 되었다가 고종 32년(1895년) 지방제도 개정으로 경상남도 밀양군이 되었다. 1918년에는 부내면이 밀양면으로 개칭되고 1931년에 밀양읍으로, 1989년 시로 승격하여 독립하였다. 1995년 밀양군이 밀양시에 통합되었다.

밀양임씨(密陽林氏)

역대 주요 인물(歷代主要人物)

임계종(林繼宗)

예천관(醴泉貫)의 분관조 서하 임춘(林椿)의 증손인 전서공(典書公) 임난수(林蘭秀)의 현손 임곤(林鵾)의 둘째 아들로 밀양관의 중조이다.

임계준(林啓濬)

숙종 41년(1715)에 태어났으며, 순창(淳昌) 출신이다. 자(字)는 윤천(潤天)이고, 아버지는 임시수(林時秀)이다. 영조 30년(1754) 증광 생원시에 갑과로 등재하였다. 형은 임계지(林啓址)이며, 아우는 임계방(林啓芳), 임계복(林啓馥), 임계양(林啓瀁)이다.

임성화(林星和)

호(號)는 연옹(然翁)이며, 규정(糾正) 임현(林鉉)의 후손으로 수직(壽職)으로 통정대부(通政大夫)에 이르렀다.

보성임씨
寶城林氏

보성임씨(寶城林氏)

시조(始祖) 및 본관(本貫)의 유래(由來)

보성관(寶城貫)은 중조 임연(林兗)을 일세조(一世祖)로 하고 있다. 임연은 조양관 중조(中祖)인 조양군(兆陽君) 임세미(林世味)의 6대손 임옥수(林玉壽)의 셋째 아들로 전해오고 있으나 문헌이 없어 정확한 세계를 알 수 없다.

본관지(本貫地) 연혁(沿革)

보성은 마한지역에 속해 있었으나, 백제의 근초고왕 때 백제에 병합되어 군의 명칭을 복홀(伏忽)이라 부르다가 경덕왕 16년(757) 군현의 명칭을 모두 중국식으로 개정하면서 처음으로 보성이라 부르게 되었다.

성종 14년(995) 절도사 제도를 도입하면서 패주로 개칭하였고, 이때 별호로서 산양이라 부르고, 현종 9년(1018)에 다시 보성군으로 고쳐 부르게 되었으며, 지사군으로 7개의 속현을 둔 웅군이 되었다.

조선조에 들어와서 태조 4년(1395) 잦은 왜구의 침입으로 흥양현(고흥)의 치소를 보성군의 속현인 조양현(현 조성면)으로 옮겨 조양이 일시적으로 고흥에 속하게 되었다. 태종 9년(1409) 보성군에 속해있던 남양, 태강, 도화, 풍안의 4현이 흥양의 관할에 놓여지고, 조양현은 보성군에 환속되었다. 세종 12년(1430) 한때 장흥도호부의 관할에 놓여 있다가 얼마 있지 않아 순천도호부에 속하게 되었고, 고종 32년(1895년)에는 나주부 관할이었다가 1896년 8월 광주부 관할에 놓이게 되었다. 순종 2년(1908) 낙안군이 폐지되고, 낙안군의 11개면 가운데 남사, 남상, 고상, 고하의 4개면이 고상면과 남면으로 합해져 보성군에 편입되었다.

1914년 일제에 의한 대규모의 행정구역 개편이 이루어졌고, 1937년 7월 1일 벌교면을 읍으로 승격하였으며, 1941년 보성면이 읍으로 승격되어 보성군은 2읍 10면 126리의 행정구역이 되었다.

1973년 7월 1일 보성군 문덕면 한천리가 승주군 송광면으로 편입된 대신

보성임씨(寶城林氏)

1983년 2월 15일 고흥군 동강면 장도리와 그 해역이 벌교읍에 편입되었다. 1984년에 기공하고 1991년에 완공된 주암 다목적댐 공사로 인해 본군 문덕면의 8개리, 복내면이 7개리, 율어면의 2개리 일부 지역들이 물속에 잠기게 되었으며, 1998년 현재의 행정구역은 2읍 10면 126개의 법정리(행정리 314)와 593개 소의 자연마을로 이루어져 있다.

역대 주요 인물(歷代主要人物)

임 연(林 蓅)

보성관의 증시조로 조양관 중조(中祖)인 조양군(兆陽君) 임세미(林世味)의 6대손 임옥수(林玉壽)의 셋째 아들로 전해진다.

임도유(林道揄)

정조 22년(1798)에 태어났으며 서흥(瑞興) 출신으로 임계호(林啓浩)의 아들이다. 순조 34년(1834) 식년 생원에 병과로 등과하였다. 형제는 임도언(林道彦), 임도영(林道英)이다.

선산임씨

善山林氏

선산임씨(善山林氏)

시조(始祖) 및 본관(本貫)의 유래(由來)

선산관은 임양저(林良貯)를 시조로 하고, 그의 후손 임만(林蔓)을 일세로 조(一世祖)로 하여 세계를 이어 오고 있다. 시조 임양저(林良貯)는 신라 경순왕의 손주 사위이며 벼슬이 중랑장에 이르렀으나 고려에 귀순함이 부당함을 극간하였다가 왕의 노여움을 얻어 선산에 유배되었다. 이로써 그곳 선산에 은거하여 뿌리를 내리니 후손들이 선산을 관향으로 삼았다.

그러나 중시조 임만(林蔓)이 전남 영암에 입향하면서 세천지로 삼아, 주로 전남 서남부의 명문으로 오랫동안 자리하여 왔다. 중시조이자 1세조인 임만은 고려 공민왕 19년에 태어나 조선조(朝鮮朝) 태조 때 이조좌랑을 지냈으며, 이후 그의 아들 임진(林珍)과 손자 임간(林幹)에 이어 증손자 임득무(林得茂)가 관직에 올라 현달하면서 가문의 반석이 다져졌다.

그리고 임득무의 두 아들 임종(林宗)과 임수(林秀)로부터 가문이 크게 번창하게 되었는데, 가장 유명한 인물은 일선부원군(一善府院君)에 봉해진 임우형(林遇亨)의 다섯 아들이다. 그중 특히 석촌 임억령(林億齡)은 학덕을 겸비한 당대의 대학자이자 문장가였으며, 승선부원군 임백령(林百齡)은 정난위사 일등공신에 오른 대정치가였다. 또한 임구령(林九齡)은 정난위사 이등공신에 오르고 형조정랑, 광주목사 등을 지냈으며, 벼슬에서 물러난 후 영암으로 내려가 진남제의 둑을 쌓고 간척사업으로 제민에 힘써 유명하다.

또 이후 임진왜란에서 크게 공을 세운 '삼극(三克)', 즉 임극협(林克協), 임극성(林克惺), 임극걸(林克傑)은 권율과 이순신 장군의 휘하에서 혁혁한 공을 세우는 등 많은 인물을 배출하여 명문으로 부동의 명성을 떨쳐왔다.

선산임씨(善山林氏)

본관지(本貫地) 연혁(沿革)

선산읍은 구미시 통합 전의 선산군청 소재지로서 신라시대는 일선주(一善州), 승선군(嵩善郡), 고려시대에는 선주부(善州部), 고려말기 공민왕 때 잠시 화의군(和義郡)이 되었다가 조선이 개국한 뒤 태종 13년(1413), 선산부(善州部)로 개칭함과 동시에 도호부를 설치하고 선산도호부사(善山都護府使)로 하여금 다스리게 하였고, 그로부터 고종 23년(1896) 선산군(善山郡)으로 격하시키고 군수를 두어 다스렸다.

1979년 5월 1일 대통령령 제9409호에 의거하여 읍(邑)으로 승격하였는데, 선산이라는 지명은 이렇게 5백여 년간 지속되어왔고 갑오경장(1894년) 후 국내 모든 행정구역을 정비할 당시에도 계속 선산군으로 존속시켜왔다. 현재는 구미시의 동북부에 위치하여 서북쪽으로는 무을면과 옥성면, 서쪽으로는 김천시 감문면, 남쪽으로는 고아읍, 동쪽으로는 낙동강을 접하고 있다.

선산 지방은 신라시대부터 조선시대에 이르기까지 문화, 군사, 교역 등에 매우 중요한 요충지였는데, 특히 눌지마립간 때 묵호자가 가장 먼저 불교가 시작된 곳이다.

그 후 고려를 거쳐 조선으로 들어와서는 당시 성리학 또는 도학의 거장(巨匠)인 고려 유신(遺臣) 길재(吉再)를 비롯한 유명한 학자들이 모여들어 학문이 크게 번창했는데, 정통성리학의 학통을 전수한 길재가 선산에 낙향한 것이 선상 지방의 문풍(文風)을 진작시킨 계기가 되었다. 그것이 다시 김숙자(金叔滋), 김종직(金宗直) 부자(父子)로 이어지면서 신진사류들이 곳곳에서 모여들어 선산의 도학 학통은 온 나라를 풍미하게 되어 조선 정치사의 걸출한 사람들을 배출해내니 선산은 '영남의 제일'이라는 별칭까지 얻었다.

선산임씨(善山林氏)

항렬(行列)과 세계(世系)

항렬표(行列表)

종파(宗派) : 만(蔓) 1세

세	항렬자	세	항렬자	세	항렬자
18	漢(한)	19	彙(휘)	20	炳(병)
21	均(균)·在(재) 奎(규)·周(주)	22	鉉(현)·鍾(종) 鎭(진)·鎔(용)	23	泳(영)·洙(수) 浩(호)·澤(택)
24	桂(계)·柱(주) 東(동)·根(근)				

수파(秀派) : 만(蔓)公 1세

세	항렬자	세	항렬자	세	항렬자
18	英(영)	19	錫(석)·鎬(호)	20	泰(태)·洛(락) 漢(한)·洙(수)
21	根(근)·柱(주) 秉(병)·植(식)	22	炫(현)·炯(형) 思(사)·炳(병)	23	基(기)·均(균) 載(재)·周(주)
24	鎬(호)·鎔(용) 鐸(탁)·鍾(종)				

선산임씨(善山林氏)

세계도(世系圖)

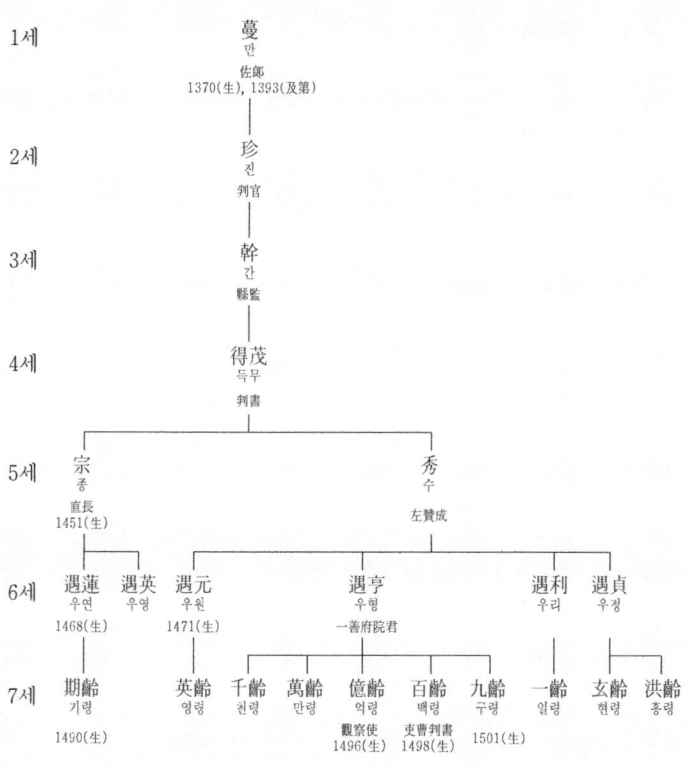

선산임씨(善山林氏)

역대 주요 인물(歷代主要人物)

임 만(林 蔓)

자(字)는 선보(先寶)로 공민왕 19년(1370년)에 태어났으며, 선산관(善山貫)의 일세조이다.
조선이 개국하자 태조조에 문예조 좌랑(文禮曹佐郎)을 역임하고 자헌대부 호조판서 겸 지중추부사(資憲大夫戶曹判書兼知中樞府事)에 추증되었다.

임 진(林 珍)

태조 2년(1393)에 태어났으며, 태종조에 환로에 나아가 제주판관(濟州判官)을 지냈다.

임 간(林 幹)

태종 8년(1408)에 태어났으며, 자(字)는 양희(陽熙)이다. 세종조의 문관(文官)으로 동복현감(同福縣監)을 역임하였다.

임득무(林得茂)

세종 6년(1424)에 태어났으며, 조선조 세종조에 황해감사를 거쳐 이조판서(吏曹判書)를 역임하였다. 후에 자헌대부 이조판서 겸 지의금부사(資憲大夫吏曹判書兼知義禁府事)에 추증되었다.

임 종(林 宗)

자(字)는 종실(宗實)이며, 문종 1년(1451)에 태어났다. 세조조에 때 예빈시 직장(禮賓寺直長)을 지냈다.

임 수 (林 秀)

단종 2년(1454)에 태어났으며 자는 희실(希實)이고, 성종 때 진사(進士)에 올라 진안현감(鎭安縣監)을 지내고, 숭정대부(崇政大夫) 의정부좌찬성 겸 판의금부사(議政府左贊成兼判義禁府事)에 추증되었다.

임우련 (林遇蓮)

예빈시 직장(禮賓寺直長) 임종(林宗)의 아들로 조선 초기에 양주 목사(楊州牧使)를 역임하였다.

임우원 (林遇元)

세조 7년(1471)에 태어났으며, 자는 문경(文卿), 호는 성제(省齊)이다. 문과에 올라 생원(生員), 참봉(參奉)을 지내고, 어모장군(禦侮將軍)에 올랐다.

임우리 (林遇利)

임수(林秀)의 셋째 아들이자 임우원(林遇元)의 아우이다. 학덕을 겸비한 인물로 일찍이 등과하였으나 벼슬에 뜻을 두지 않고 향리에 들어앉아 시와 더불어 살며 후진 교육에 힘썼다.

임우정 (林遇貞)

자(字)는 문경(文敬)이고, 호(號)는 하사(河沙)이며, 성종 11년(1480)에 좌찬성(左贊成) 임수의 넷째 아들로 태어났다. 성종조에 음사(蔭仕)로 벼슬에 나아가 부정자(副正字), 대사성(大司成)을 지내고 가선대부(嘉善大夫) 이조참판(吏曹參判)에 증직되었다.

선산임씨(善山林氏)

임천령(林千齡)

성종 23년(1492)에 태어나서 선조 원년(1567)에 졸하였다. 자(字)는 인수(仁叟)이며, 아버지는 충순위(忠順衛) 임우형(林遇亨)의 장남이다. 중종 8년(1513) 식년시(式年試)에 병과로 동생 임만령(林萬齡)과 함께 진사에 급제하였다. 성균관에서 한원당 한서(寒喧서) 김안필(金安弼)과 홍문관 사간원 정암(靜庵) 조광조(趙光祖)의 문하생으로 수학하였으나 기묘사화(己卯士禍: 중종 14년) 때 조광조가 화순 능주로 유배되었을 때 조광조와 연좌되었다는 죄목으로 함북 단천(端川)으로 유배갔다.

임만령(林萬齡)

임우형(林遇亨)과 음성박씨와의 사이에서 연산군 1년(1494)에 태어났다.

그가 옥야로 유배된 후 모든 행적이 끊겨 잊혀져 있다가 최근 옥야임씨 임선주의 할아버지(1923년 생)에 의해 계대가 밝혀졌다. "단천을 오가면서 형을 만났는데, 우리는 옥야임씨가 아니라 선산임씨로서 해남읍 구교리 임씨 선산벌 하에서 사대(4代)를 살아왔는데, 뿌리 깊은 선산임씨의 대단한 기풍을 보니 선산임씨가 자랑스럽다"라고 말하면서 1998년 임만령(林萬齡)이 옥야임씨 삼세(三世)조임을 발견하고, 2003년 3월에는 옥야 임광세 종친회장과 선산 임권신 종친간에 "옥야임씨 만령조 이하 상계를 선산임씨 계보에 이기하여 임선주를 그의 후손으로 승계하겠다"고 합의하였다.

임억령(林億齡)

자는 대수(大樹), 호는 석천(石川)이며, 임우형(林遇亨)과 음성박씨와의 사이에서 셋째 아들로 전남 해남군 동문 관동리에서 태어났다. 어려서부터 총명하여 7세부터 숙부인 은일 임우리(林遇利)에게서 학문을 배워 8세에는 능히 시를 지을 정도로 남다른 재주를 지닌 인물이었다.

일찍이 남편을 잃은 그의 어머니는 자식들의 교육에 남다른 관심이 있었는데 석천이 14세 때 눌재(訥齋) 박상(朴祥) 형제의 문하에 들어가 수학한 것은 전적으로 어머니의 열의에서였다. 청소년기에 만난 눌재는 석천의 정신적 지주로서 많은 감화를 주었으며, 이로 인해 『석천집(石川集)』과 『눌재집(訥齋集)』에는 두 사람의 교분이 담긴 시편이 적지 않게 전한다. 특히 눌재가 도학자로서 지녔던 인품과 의리와 명분 중시의 학자적 소신은 석천의 강의하고 올곧은 성품 형성에 큰 영향을 끼쳤다.

중종 11년(1516) 진사가 되고 1525년 식년 문과에 급제했다. 그는 학식이 높고 마음이 강직하고 일을 민첩하게 처리하였으며 문장에 뛰어났는데, 명종 즉위년(1545) 금산군수 때 을사사화가 일어나 소윤(小尹)인 동생 백령(百齡)이 대윤(大尹)의 선배들을 내몰자 자책을 느껴 벼슬을 사직하고 해남에 은거했다. 그러다가 명종 7년(1552) 동부승지에 등용되어 병조참지를 지내고 강원도관찰사를 거쳐 1557년 담양부사가 되었다. 이 때 담양의 성산에 내려온 석천은 3년 뒤에 지어진 식영정을 중심으로 성산시단을 열어 '식영정이십영' 등 심금을 울리는 주옥같은 서정시의 세계를 마음껏 펼쳐 보였다. 방외적(方外的) 기질과 천연 무위(天然無爲)의 음률관, 그리고 평담 자율(平淡自律)의 시상과 행도대방(行蹈大方)의 시 창작 태도로서 삼천여 수에 달하는 많은 시문을 남긴 그는 호남의 사종(詞宗)으로 칭송되었거니와 애민시, 서사 한시, 서사시 등 장편시를 제작하여 시대적 모순과 불합리를 개혁 시정코자 하고, 성산시단을 무대로 정철, 고경명, 김성원, 송순, 이황, 이이 등과 교유함으로써 한국시단을 넉넉하게 살찌운 점 등이 그의 큰 업적으로 평가된다.

동복(同福) 도원서원(道源書院) 등에 배향되었다. 문집에 『석천집(石川集)』이 있다. 석천 임억령의 작품집인 『석천집』은 현재 규장각에 소장되어 있으며, 이황의 『퇴계문집』에도 석천의 시 31편이 수록되어 있다. 또 담양의 가사문학관에는 고종 연간의 간행본 『석천집』과 『석천선생시집』, 『석천집』 목판(木板), 『파산사언시』 등의 간행물과 석천이 애용하던 옥배(玉杯, 술잔) 등이 보존 전시되어 있다.

식영정(息影亭) 과 석천의 문학

을사사화 당시 금산 군수로 재임하던 임억령은 급히 상경하여 의롭

선산임씨(善山林氏)

지 못한 거사를 중단할 것을 아우에게 요청했지만 형의 간곡한 부탁도 아우의 뜻을 꺾을 수 없자 통탄한 석천은 형제관계를 끊을 것을 선언하면서 관직을 벗어던져버리고 해남으로 낙향을 한다. 이때 석천은 어지러운 세태에 대한 불편한 심사를 다음과 같은 시로 풀어냈다.

눈은 도(道)를 생각하느라 감겨지고
머리는 시절이 사나워 떨구노라.
장주(裝周)의 학(學)을 얻은 이후로
영화와 쇠락 하나로 가지런히 보이는구나.

해남으로 내려온 석천은 마포(馬浦 : 현재 해남 마산면 장촌리)에 은거하게 된다. 석천의 묘소가 있는 장촌리 남계마을에는 지금도 그 후손이 살고 있다. 마포에서 은거할 무렵 석천의 삶은 '억마포별업(億馬浦別業)'이라는 제목의 시에 잘 나타나 있다.

사대부라고 불리는 것이 오래토록 싫었기에
늙은 농부가 되리라고 깊이 생각했었네.
새 집은 봉사 아래 짓고 옛집은 대숲 가운데 있네.
다른 곳에 살적엔 예사스럽게 생각했지만
이웃친구들도 반갑게 만났네.
시골 이야기는 끝날 줄을 몰라
강 위에 뜬 달이 소나무 위까지 올라왔네.

7년 뒤인 명종 7년(1552) 석천은 다시 조정의 간곡한 부름을 받는다. 그리고 동부승지, 병조참지, 강원도관찰사를 거쳐 환갑이 갓 지난 명종 12년(1557)에는 담양부사로 부임하게 된다. 하지만 석천은 담양군 남면에 있는 성산(星山; 별뫼)의 승경에 흠뻑 취해버렸다. 그리고 석천은 아예 벼슬을 그만 두고 자연에 귀의하였다. 시인으로 전업(專業)하게 된 것이다.

그럴 즈음 석천의 제자이면서 사위인 서하당 김성원이 명종 15년(1560)에 스승에게 정자 하나를 지어 바친다. 석천은 새로 지은 정

선산임씨(善山林氏)

자에 '식영정(息影亭)'이라는 이름을 붙였다. '식영'은 『장자』 '제물' 편에 나오는 말로 '그림자를 쉬게 한다'는 뜻인데, 자세한 내용은 그가 쓴 식영정기에 나타난다. 식영정은 달리 사선정(四仙亭)이라 부르기도 하는데, 그것은 석천 임억령, 제봉 고경명, 서하 김성원, 송강 정철 등 네 사람이 이곳에서 성산시단을 형성하여 마치 신선처럼 시회와 강학으로 다정하게 지낸 데서 연유한다. 이곳 정자는 조선 시대 문사들의 출입이 잦았던 열린 공간이었다. 여기에 출입한 인물은 이황, 이이 등을 비롯하여 하서 김인후, 고봉 기대승, 옥봉 백광훈, 송익필 등 대부분이 당대의 명사들이었다. 그리고 뒤에도 이름만 들어도 가슴이 젖어드는 이 정자에 면앙정 송순, 백광훈, 미암 류희춘, 백호 임제, 소쇄원 양산보 등 당대의 뛰어난 문인들이 모여들어 지친 그림자를 쉬게 하였다.

한편 석천은 식영정의 풍광을 한시로 읊었는데, 이를 '식영정이십영'이라고 한다. 정철, 고경명, 송순, 김성원 등이 이에 차운(次韻)하여 총 백 수의 '식영정 제영'을 지었다. 또 송강 정철은 저 유명한 「성산별곡」을 지어 존경하는 스승 석천에게 헌시(獻詩)로 바쳤다.

식영정은 이처럼 주옥같은 시가문학의 산실로서 그 당당한 위상을 지니거니와 멀리 뵈는 무등산의 모습과 주변에 식재된 소나무, 그리고 정자 앞의 호수 등은 한 폭의 그림처럼 어우러져 지금도 시심의 고향으로 칭송되고 있다.

식영정의 주인 석천은 무려 3천여 편에 달하는 주옥같은 시를 지으며 '성산 시단'의 시종으로 추앙받게 된다. 율곡 이이도 석천의 시재와 학덕을 존경하여 시를 보냈다고 한다. 또 퇴계 이황의 학문적 맞수였던 영남의 처사 남명 조식과도 시를 주고받을 정도로 석천은 당대의 걸출한 선비들과 폭넓은 인간관계를 맺었다.

한편, 석천은 칠언시와 율시보다는 오언시와 절구를 즐겨 썼다. 특히 칠언율시를 기피한 것은 까다롭고 고루한 형식을 벗어나 자유롭게 시상을 펼치려는 의도로 해석된다. 석천의 그러한 시풍은 민중에 대한 사랑이 예술적으로 승화된 서사시 「송대장군가」에서 절정을 이룬다. 의적 임꺽정이 활동한 시대에 고려 말 백성의 영웅으로 칭송받던 '송장군'의 삶을 대서사시로 읊은 것은 석천이 당시 백성들에게 던진 의미심장한 메시지라고 할 것이다. 석천은 후손에게도 살신성인의 구국정신을 가르쳤다. 그리하여 임진년 왜란을 당했을 때 임극협 등 손자 3명이 이순신 장군 휘하에 들어가 명량대첩과 한산도대첩에서 크게 공을 세우고 전사하게 된다.

고향 가는 백광훈을 배웅하며 (送白光勳還鄕)

강위의 달 둥글다가 이지러지듯, (江月圓復缺)
뜰 앞의 매화 졌다가 또 피어나네. (庭梅落又開)
봄이 와도 돌아가지 못하고, (逢春歸未得)
홀로 정자에 올라 고향 쪽 바라보네. (獨上望鄕臺)

벗에게 (示友人)

옛 절에서 또 봄을 보내노라니, (古寺門前又送春)
지는 꽃잎 비 따라와 옷에 물드네. (殘花隨雨點衣頻)
돌아와도 소매 가득 향기는 맑아 (歸來滿袖淸香在)
수많은 산벌들이 뒤따라오네. (無數山蜂遠趁人)

말년에 해남으로 돌아온 뒤에도 석천은 담양 성산을 자주 왕래하다가 1568년 봄 73세를 일기로 삶을 마쳤다. 그의 시신은 마산면 장촌리에 묻혔고, 위패는 해촌사(지금의 해촌서원)에 배향되었다. 임억령의 사당으로 문을 연 해촌사에는 나중에 최부, 류희춘, 윤구, 윤선도, 박백응 등이 차례로 배향되었다. 해남의 정신을 이어온 이들 여섯 성현을 '해남 6현(賢)'이라 하는데, 그 으뜸이 바로 석천 임억령 시인인 것이다.

식영정기(息影亭記)

김군 강숙(金剛叔; 김성원의 자)은 나의 벗이다. 푸른 시내 위 차가운 소나무아래에 이름 있는 좋은 터를 얻어 작은 정자를 지었는데,

선산임씨(善山林氏)

모퉁이마다 기둥을 세우고 가운데는 텅 비었으며 흰 띠로 덮고 대나무자리로 둘렀으며 바라보면 그림으로 장식한 배 위에 새가 날개를 펴고 앉아있는 모양이다.

내가 휴식할 곳으로 정하고 선생에게 정자의 이름을 지어주도록 청하였다. 선생은 "그대 장주(莊周)의 말을 들었는가. 주(周)가 말하기를 옛날에 그림자를 무서워한 사람이 있었다. 낮에 달려가는데 그림자가 따라오는 것을 보고, 아무리 빨리 달려도 그림자 역시 쉬지 않고 따라오다가 나무 그늘에 이르러서야 문득 보이지 않았다. 본래 그림자는 사람을 따라다니므로 사람이 엎드리면 그림자도 엎드리고, 사람이 쳐다보면 그림자도 쳐다보며, 그 밖에도 가면 가고 쉬면 쉬는 것이 오직 물체를 따르므로 그늘에서나 밤에는 없어지고 불빛에서나 낮에는 생기게 되니 사람의 처세도 이와 같은 것이다. 옛 말대로 꿈과 그림자는 물거품과 같은 것이다.

사람이 태어날 때 그 형체는 조물주에게서 받았는데, 조물주는 사람을 희롱함이 어찌 형체와 그림자 뿐이리오. 그림자가 천 번 변한 것은 형체의 처분에 달려있고, 사람이 천 번 변한 것도 또한 조물주의 처분에 달려있으므로 사람은 마땅히 조물주가 시키는 대로 따를 뿐이니 아침의 부자가 저녁에는 가난하고, 옛적에 귀한 사람이라도 지금은 천한 것이 다 조물주의 조화로 되는 것이다. 나로서 볼진대 옛날에 높은 관을 쓰고 큰 띠를 두르고 조정에 출입하다가 지금은 대나무 지팡이와 짚신으로 산수간에 소요하고 있으며, 오미진수(五味진수)가 창고에 가득하여도 한 바가지 물과 한 도시락밥을 달게 여기고 고도(皐陶)와 기(夔)와 같은 고귀로 사슴들과 벗을 삼았으니, 이는 모두 조물주가 그 가운데서 희롱함이로되 자신은 알지 못하는 것이니, 그 사이에 무엇을 기뻐하고 무엇을 미워하겠는가."

강숙이 말하되 그림자는 진실로 내가 마음대로 할 수 없으나 선생과 같은 이는 세상에서 버림을 받지 않았고 태평성대를 만났어도 빛을 감추고 자취를 숨기려함은 너무 과격한 일이 아니겠는가.

선생이 말하기를 "평탄하면 가고 함정을 만나면 그치게 될 것이니 가고 그치는 일이란 사람이 마음대로 못한 것인즉 내가 임천으로 들어온 것도 하늘의 뜻이요, 한갓 그림자를 쉬고자 함이 아니로다. 내가 바라는 것은 조물주와 더불어 대지위에 놀며 그림자마저 없도록 하여 사람이 바라보고 손으로 가리킬 수도 없게 함이니 이름을 식영(息影)이라 함은 또한 마땅치 않은가"

강숙이 말하되 "이제야 비로소 선생의 뜻을 알았으니 청컨대 그 말을 씀으로써 기(記)를 삼는다"고 하였다.

계해(癸亥) 7월(月)   일(日)   하의도인(荷衣道人) 서(書)

임백령(林百齡)

자는 인순(仁順), 호(號)는 괴마(槐馬)이며, 해남 출신으로 임우형(林遇亨)의 아들이다.

어릴 때 형 임억령(林億齡)과 함께 눌재(訥齋) 박상(朴祥)에게 수업하였는데, 박상이 임억령에게 『장자(莊子)』를 가르치면서 "너는 반드시 문장이 되리라" 하였고, 임백령에게 『논어(論語)』를 가르치면서 "너는 족히 관각지문(館閣之文)을 하리라" 하였다고 한다.

또 임백령의 호에 대하여는 다음과 같은 말이 전해지고 있다. 초시에 오른 후 강(講)을 하여야 하는데 범위가 너무 넓어 책이 눈에 들어오지 않던 중 꿈에 한 노인이 다음날 강할 대목을 낱낱이 가르쳐주면서 이름을 꼭 괴마(槐馬)로 하여야 한다고 일러주었다. 깨어난 뒤 가르친 대목을 익혔는데, 시관(試官)이 그것을 강하도록 지시하므로 강(講)을 마친즉 시관들은 그의 경학(經學)에 밝음을 탄복하였고, 그 중 한 시관이 말하기를 "그대가 아마 괴마로다. 꿈에 한 노인이 이르기를 내일 응시하는 괴마는 위인이고 경학에도 익숙하다고 하더라." 하였다. 이에 임백령은 괴마를 자기 별호로 삼았다.

증종 11년(1516) 진사시에 합격한 후 증종 14년(1519) 식년시(式年試) 문과(文科)에 장원 급제하여 상서원 직장에 서용되었으며, 예문관 검열이

선산임씨(善山林氏)

되었다가 이듬해(1520) 홍문관 저작으로 전임되었다. 중종 19년(1524)에 홍문관 교리가 되었는데, 고향의 어머니를 위하여 귀양(歸養 ; 고향에 들어가 봉양하는 것)을 청하였으나 허락되지 않았다. 중종 22년(1527)에 사헌부 지평과 홍문관 교리를 역임하였으며, 이듬해(1528) 경상도 도사(都事)로 임명되었다. 그후 영광군수에 임명되었을 때 그의 정령(政令)이 엄명(嚴明)하여 향리 등이 간특한 짓을 할 수 없는 것에 대해 앙심을 품고, 그를 빨리 교체되게 할 목적으로 향리 박태근(朴太根) 등이 임백령 아비(父)의 무덤을 발굴한 사건이 발생한 일도 있었다.

중종 27년(1532) 정월에 시강원 문학(侍講院文學)에 제수되었다가 사헌부의 장령과 집의를 역임하였고, 중종 32년(1537)에 승정원 도승지가 되었다. 그리고 공조참판, 사헌부 대사헌, 한성부 좌윤과 이조참판을 역임하였고, 중종 35년(1540)에는 사은사의 부사로 명나라에 다녀왔다. 그후 형조참판을 거쳐 경기도 관찰사가 되어 민폐의 시정에 힘썼으며, 중종 37년(1542)에 한성부 우윤·좌윤을 지낸 후 경상도 관찰사가 되었고, 중종 39년(1544)에 네 번째 대사헌이 되었다. 중종 말년에 현량과(賢良科)를 다시 두자는 조정의 절대적 여론에 맞서 임백령은 혼자서 반대를 하는 등 정치가로서 강직한 기질을 발휘하였다.

그러다가 명종이 즉위한 1545년에 임백령은 문정왕후의 총애를 듬뿍 받아 벼슬이 호조판서에 이르게 된다. 이 무렵 조정은 문정왕후의 동생인 윤원형을 중심으로 한 '소윤(少尹)' 일파와 인종의 외숙 윤임이 이끄는 '대윤(大尹)' 일파의 대립이 극에 달하고 있었다. 윤임은 임백령에게서 기생 옥매향(玉梅香)을 빼앗아간 연적이었기도 하였는데, 그러던 차에 윤원형이 이끄는 소윤 일파가 이른바 '을사사화(乙巳士禍)'를 일으키게 된다. 소윤 측에 선 임백령은 연적 윤임을 향하여 칼끝을 겨누고 대윤 일파 제거에 앞장 선 공로로 정난위사공신(定難衛社功臣) 1등에 책록되고 숭선부원군(崇善府院君)에 봉해졌으며, 자급은 보국숭록대부에 올랐다. 그리고 이듬해에 우의정 벼슬에 올라 사은사(謝恩使)로 명나라에 나간다. 하지만 돌아오는 길에 압록강 영평부(永平府) 근처에서 병으로 죽고 말았다.

시호는 처음에 소이(昭夷)라고 하였다가 문정왕후가 좋지 않다고 하여 문충(文忠)으로 바꾸었다. 문장에 매우 능했다.

선산임씨(善山林氏)

임구령(林九齡)

임백령(林百齡)의 아우이다.

명종 즉위년(1545) 9월 정6품에 서용되었고, 그해 12월에 형조정랑에 임명되었으며, 명종 2년(1547) 2월에 추성협익정난위사공신(推誠協翼定難衛社功臣) 중직대부(中直大夫) 제용감(濟用監) 첨정(僉正)에 임명되었다. 그해 7월에 내섬시(內贍寺) 첨정(僉正)에 임명되었다가 윤9월에 절충장군(折衝將軍) 의흥위부호군(義興衛副護軍)에 임명되었고, 다음 달에 다시 남양도호부사(南陽都護府使)에 임명되었다.

광주목사(光州牧使)와 나주목사(羅州牧使)를 거쳐 남원부사(南原府使)를 지내고, 은퇴하여 영암 구림(鳩林)으로 귀향하여 진남제(鎭南堤)라는 제방을 가는 간척공사를 하였다.

임현령(林玄齡)

자(字)는 춘수(春樹)이며, 종종 3년(1508)에 태어났다. 승문원 박사(承文院博士)와 동교서관 판교(冬校書館判校)을 지냈다.

임홍령(林洪齡)

자(字)는 경원(景瑗)이며, 중종 8년(1513)년에 태어났다. 대사성(大司成) 임우정의 아들로 교서관(校書館) 교리(校理)를 역임하였다.

임 색(林 㵽)

임백령(林百齡)의 아들이며 명종 11년(1556) 과거(별시)에 병과로 합격하였다. 명종 16년(1561)에 첨정(僉正)으로 재직하면서 아버지 임백령의 시호를 조정에 청하였고, 이듬해(1562) 4월에 경기도사(京畿道事)에 임명되었다가 후에 평산부사(平山府使)에 임명되었다. 형은 임진(林溍), 아우는 임흠(林潪), 임발(林潑), 임비(林泌)가 있다.

선산임씨(善山林氏)

임 진(林 溍)

승선부원군(崇善府院君) 임백령(林白齡)의 적장자이다. 명종 4년(1549) 4월에 임금이 정청(政廳)에서 "임진을 직장(直長)에 서용하도록 지시했는데 아직 안 하는 이유가 무엇인가?" 물으니, "글 읽는 유생이어서 그 자신이 원하지 않아 기다리고 있습니다." 하였다. 그 후 명종 21년(1566) 정월에 임금이 다시 전교하여 6품직을 제수받았다.

임 호(林 浩)

서울 출신으로 자(字)는 호연(浩然)이며, 위사(衛社) 정난공신(定難功臣)에 오른 남양도호부사(南陽都護府使) 임구령(林九齡)의 아들이다. 명종 4년(1549) 식년시(式年試)에 병과로 급제하여 생원에 올랐다.

임 혼(林 渾)

임구령(林九齡)의 아들이고, 명종 8년(1553) 과거(별시)에 병과로 합격하였다. 평안도사(平安都事)로 근무했는데 당시 평안감사(平安監司) 유강(兪絳)과의 사이가 좋지 않았다는 기록이 있다.

임 능(林 能)

자(字)는 광연(光連)이며, 중종 8년(1513)에 태어났다. 무과(武科)에 급제하여 덕원부사(德源府使)를 지냈다.

임 개(林 漑)

자(字)는 광휘(光輝), 호(號)는 제은(齊隱)이다. 중종 20년(1525)에 태어나서 인종조에 내금위장(內禁衛將)을 역임하였다.

선산임씨(善山林氏)

임광형(林光亨)

중종 39년(1544)년에 태어났으며, 선조조에 무과(武科)에 올라 부장(部將)을 지냈다.

임 발(林 潑)

자(字)는 광명(光明)이며, 명종 11년(1556)에 태어났다. 무중시(武重試)에 올라 덕원부사(德源府使)을 역임하였다.

임극충(林克忠)

자(字)는 직경(直卿)이며, 선무랑(宣務郞)을 지내고 후에 이조참판(吏曹參判)에 추증되었다.

임극진(林克震)

자(字)는 윤도(允道), 호(號)는 운정(雲亭)이며, 선조 1년(1568)에 태어났다. 규장각 검교(奎章閣檢校), 홍문관 부교리(弘文館副敎理)를 지냈다.

임극순(林克恂)

서울 출신으로 자(字)는 경침(景忱)이며, 명종 2년(1547)에 사옹원 직장(司饔院直長)을 지낸 통훈대부(通訓大夫) 임호(林浩)의 아들로 태어났다. 선조 6년(1573) 식년시(式年試)에 병과로 급제하여 생원에 올랐으며, 아우로 임극신(林克愼)을 두었다.

임극신(林克愼)

서울 출신으로 자(字)는 경흠(景欽)이며, 명종 5년(1550)에 사옹원 직장(司饔院直長)을 지낸 통훈대부(通訓大夫) 임호(林浩)의 아들로 태어났다. 선조 12년(1579) 식년시(式年試)에 병과로 진사(進士)에 올랐으며, 임극순(林

克恂)의 아우이다.

임 성(林 晟)

서울 출신으로 자(字)는 명중(明仲), 초명은 익지(翊之), 성익(聖翊)이다. 선조 29년(1596)에 태어났으며, 아버지는 선무랑(宣務郎) 임극충(林克忠)이다. 광해 7년(1615) 식년시(式年試)에 을과로 급제하여 생원이 되고, 인조 11년(1633) 증시로 문과 급제하였다. 임섭(林遝), 임욱(林昱), 임창(林昌) 세 아우를 두었다.

임 현(林 睍)

자(字)는 자승(子昇)이며, 선조 2년(1569)에 태어났다. 선조 30년(1597) 알성시(謁聖試)에 병과(丙科)로 합격하여 옥당 예문 홍문 교리(玉堂藝文弘文校理), 강진현감(康津縣監), 승의원 예조좌랑(丞議院禮曹左郎) 등을 역임하였다.

임몽룡(林夢龍)

자(字)는 여견(汝見)이며, 선조 11년(1578)에 태어났다. 광해군 때에 훈련원 주부(訓練院主簿), 통정대부 병마첨절제사(通政大夫兵馬僉節制使)를 역임하였다.

임기룡(林起龍)

자(字)는 인천(仁天), 호(號)는 절암(節巖)이며, 선조 15년(1582)에 태어났다. 광해군 때 장사랑(將仕郎)을 지내고, 가선대부 동지중추부사(嘉善大夫同知中樞府事)에 추증되었다. 영암에서 강진으로 이거(移居)하였다.

선산임씨(善山林氏)

임경선(林景善)

선조 20년(1587)에 태어났으며, 예빈시 주부(禮賓寺主簿), 군자 판관(軍資判官)을 역임하였다.

임영수(林永壽)

자(字)는 만년(萬年)이며, 선조 22년(1590)에 태어났다. 광해군 때 무과(武科)에 합격하여 가선대부 동지중추부사(同知中樞府事)에 올랐다.

임성익(林聖翊)

자(字)는 익지(翊之)이며, 선조 27년(1594)에 태어났다. 광해군 때 진사(進士)에 오르고, 인조조에 무과(武科)에 장원으로 합격하였다. 능주 목사(綾州牧師)를 지내고, 이조참판 겸 홍문관부제학(吏曹參判兼弘文館副提學)에 추증되었다.

임 필(林 泌)

자(字)는 자청(子靑)이며, 선조 33년(1600)에 태어났다. 이조좌랑(吏曹佐郞)을 지내고, 가선대부 동지중추부사(嘉善大夫同知中樞府事)에 올랐다.

임진영(林振榮)

자(字)는 무숙(茂叔)이며, 선조 34년(1601)에 태어났다. 수직(壽職)으로 통정대부 이조참의(通政大夫吏曹參議)에 제수되었다.

임석후(林碩厚)

선조 38년(1605)에 태어났으며, 통훈대부 사헌부 감찰(通訓大夫司憲府監察)을 지냈다.

선산임씨(善山林氏)

임 동(林 소)

선조 22년(1589)에 태어나 인조 26년(1648) 졸하였다. 호(號)는 한호이며, 목의 손(孫)자이자, 서의 장자(長子)로 나주에서 출생(出生)하였다.

광해 2년(1610) 진사시(進士試)에 급제하여 장사랑(將仕郞)이 되고, 광해 5년(1613)에 증광시(增廣試) 문과(文科)에 급제하여 성현찰방, 영암군수, 호조정랑, 남원부사, 진주(晋州)·원주부사, 보덕(輔德), 사부시정, 사도시 정을 거쳐 우승지(右承旨)에 이르렀다. (자료출전 : 문과방목)

임 희(林 曦)

자(字)는 천영(天盈)이며, 선조 38년(1605)에 태어났다. 통정대부(通政大夫)에 올랐다.

임유해(林有獬)

자(字)는 위서(威瑞)이며, 선조 39년(1606)에 태어났다. 효종조에 무과(武科)에 합격하여 진위장군(振威將軍) 훈련원 주부(訓鍊院主簿), 성진진 병마첨절제사(城津鎭兵馬僉節制使) 등을 역임하였다.

임극성(林克惺)

자(字)는 경탕, 호(號)는 월담(月潭)이며, 별제(別提) 임구령(林九齡)의 손자(孫子)이며, 임완(林浣)의 아들이다.

임진왜란에 전주부(前主簿)로서 도원사(都元師) 권율(權慄)을 따라 연안(延安), 행주(幸州)의 대첩(大捷)을 이루고, 정유재란(丁酉再亂)에 충무공(忠武公) 이순신이 임극성(林克惺)에게 흥판유사(興販有司)를 맡기니 물자를 고금도(古今島)에 운반하였다. 또 의병을 모아 당포(唐蒲), 예교(曳橋), 노량(露梁), 명량(鳴梁)에서 이순신을 따라 승리를 거두고, 또 남해, 부산에서 전공(戰功)을 세웠기에 지중추(知中樞)로 임명되고 삼대(三代)를 추증하였다.

선산임씨(善山林氏)

임 휘 (林 暉)

광해 4년(1612)에 태어났으며, 수직(壽職)으로 통정대부 승문원 판교(通政大夫承文院判校)에 제수되었다.

임득의 (林得義)

자(字)는 군실(君實)이며, 광해 5년(1613)에 태어났다. 수직(壽職)으로 가선대부 동지중추부사(嘉善大夫同知中樞府事)에 제수되었다.

임홍일 (林弘一)

자(字)는 중보(重甫)이며, 인조 원년(1623)에 태어났다. 무과(武科)에 급제하여 선전 비서랑(宣傳秘書郞)을 지냈다.

임중표 (林中豹)

자(字)는 자문(子文)이며, 인조 4년(1626)에 태어났다. 무과(武科)에 장원(壯元)으로 급제하여 훈련원 부정(訓鍊院副正)을 지냈다.

임취유 (林就有)

인조 24년(1646)에 태어났으며, 통정대부 상의원 정(通政大夫尙衣院正)에 올랐다.

임우백 (林友栢)

자(字)는 사우(士祐)이며, 1663년에 태어났다. 통정대부 절충장군 부호군(通政大夫折衝將軍副護軍)을 역임하였다.

선산임씨(善山林氏)

임신백(林信伯)

자(字)는 군필(君弼)이며, 효종 1년(1670)에 태어났다. 절충장군 용양위 부호군(折衝將軍龍驤衛副護軍)을 역임하였다.

임석장(林碩樟)

자(字)는 장숙(章叔), 호(號)는 남암(南菴)으로 숙종 20년(1694)에 태어났다. 영조조에 수직(壽職)으로 가선대부 용양위 부호군(嘉善大夫龍驤衛副護軍), 자헌대부 동지중추부사(資憲大夫同知中樞府事) 등에 제수되었다.

임수광(林洙光)

자(字)는 사문(士文)이며, 숙종 21년(1695)에 태어났다. 전력 부위(展力副尉) 겸 사복(司僕), 선략장군 용양위 부사과(宣略將軍龍驤衛副司果), 진위장군 훈련원 판관(振威將軍訓練院判官) 등을 역임하였다.

임성근(林成根)

자(字)는 회지(晦之)이며, 숙종 38년(1712)에 태어났다. 가선대부 동지중추부사(嘉善大夫同知中樞府事)에 올랐다.

임계복(林桂馥)

자(字)는 수이(秀而)이며, 숙종 42년(1716)에 태어났다. 영조조에 통정대부 절충장군 용양위부호군(通政大夫折衝將軍龍驤衛副護軍)을 역임하였다.

임봉양(林鳳陽)

자(字)는 성수(聖壽)이며, 경종 2년(1722)에 태어났다. 절충장군 용양위 부호군(折衝將軍龍驤衛副護軍)을 역임하였다.

선산임씨(善山林氏)

임재광(林再光)

자(字)는 춘경(春卿)이며, 경종 2년(1722)에 태어나서 사헌부 감찰(司憲府監察), 김천 찰방(金泉察訪) 등을 역임하였다.

임원발(林元發)

영조 4년(1728) 3월에 문경 사람 이인좌가 난을 일으켰다. 이 난의 소식이 예천에 전해진 것은 3월 18일이었다. 그리하여 대응책으로 예천 지방의 선비들은 예천향교에서 회의를 열고, 3월 30일 예천군의병소를 예천향교에 설치하였다. 이튿날 4월 1일에는 200여 명이 의병으로 모여들었는데, 예천군 의병소에서는 임원발이 재주와 지혜가 있기에 특별히 별장(別將)으로 삼아 의병소에 머물도록 하여 예천을 지키도록 하였다. 임원발은 여러 군교(軍校)와 군사를 거느리고 예천군을 지켰다.

그러던 중 문경새재로 적을 막기 위해 떠났던 장위규 부대가 돌아왔다. 임원발은 장위규 부대와 함께 예천군 북쪽 3개 면(현재 龍門面)인 휴구곡면, 제곡면, 유리면으로 가서 적을 찾아 헤맸다. 그러다가 이인좌의 부장이던 세추, 세모와 종 익남 등을 사로잡았다. 이를 예천군과 용궁현 군사들의 주장인 서종일이 즉시 도에 보고하여 조정에 알리게 되었다.

이리하여 이인좌의 난을 진압하는 데 공을 세워 양무원종공신에 올랐고, 그 후에 수직(壽職)으로 숭정대부(崇政大夫)로 승진하였다.

임지환(林之桓)

자(字)는 여경(汝經)이며, 영조 17년(1741)에 태어났다. 통정대부 이조참의 겸 동지중추부사(通政大夫吏曹參議兼同知中樞府事)에 제수되었다.

임봉선(林奉善)

자(字)는 봉추(奉秋) 또는 군경(君敬)이며, 영조 25년(1749)에 태어났다. 수직으로 통정대부 첨지중추부사(通政大夫僉知中樞府事)에

선산임씨(善山林氏)

제수되었다.

임광언(林曠堰)

자(字)는 기지(起之)이며, 영조 52년(1776)에 태어났다. 통정대부 용양위 부호군(通政大夫龍驤衛副護軍)에 제수되었다.

임방선(林邦善)

자(字)는 내필(乃弼)이며, 정조 13년(1789)에 태어났다. 수직으로 가선대부 호조참판 겸 동지중추부사(嘉善大夫戶曹參判兼同知中樞府事)에 제수되었다.

임유찬(林有燦)

자(字)는 화선(化先)이며, 정조 21년(1797)에 태어나서 사옹원 직장(司饔院直長)을 역임하였다.

임원추(林元春)

자(字)는 내의(乃義)이며, 순조 5년(1805)에 태어났다. 통정대부 지중추부사(通政大夫 知中樞府事)에 제수되었다.

임응성(林應聲)

순조 6년(1806)에 태어나 고종 3년(1866)에 졸하였다. 자(字)는 종휴(鍾休), 호(號)는 국은(菊隱)이다. 임만휘(林萬彙)의 아들로 정재(定齋) 류치명(柳致明)의 문하(門下)에서 수학(受學)하였는데 그 재지(才志)와 충선(忠善)을 크게 칭허(稱許)하였다. 퇴계 이황의 예논제조(禮論諸條)를 발초(拔抄)하여 『계서예집(溪西禮集)』을 편찬하였다. 문집(文集)이 있다. (安東鄕校誌)

선산임씨(善山林氏)

임영원(林英沅)

자(字)는 득서(得瑞)이며, 순조 17년(1817)에 태어났다. 가선대부 호조참판 겸 오위도총부 부총관(嘉善大夫戶曹參判兼五衛都摠府副摠官)을 역임하였다.

임상순(林相舜)

자(字)는 덕인(德仁)이며, 순조 26년(1826)에 태어났다. 수직으로 통정대부 승정원 좌승지 겸 경연 참찬관(通政大夫承政院左承旨兼經筵參贊官)에 제수되었다.

임인국(林仁國)

자(字)는 내홍(乃弘)이며, 순조 26년(1826)에 태어났다. 통정대부 사헌부 감찰(通政大夫司憲府監察)을 역임하였다.

임달춘(林達春)

자(字)는 원서(元瑞), 호(號)는 남호(南湖)이며, 순조 27년(1827)에 태어났다. 통정대부 호조참의(通政大夫 戶曹參議)를 지냈다.

임중춘(林仲春)

자(字)는 중경(仲璟)이며, 순조 27년(1827)에 태어났다. 통사랑 장릉참봉(通仕郎長陵參奉), 용양위 부호군(龍驤衛副護軍), 가선대부 도총부 부총관(嘉善大夫都摠府副摠官) 등을 역임하였다.

임도석(林道錫)

자(字)는 도순(道淳)이며, 1839년에 태어났다. 절충장군 용양위 부호군 겸 첨지중추부사(折衝將軍龍驤衛副護軍兼僉知中樞府事)를 지냈다.

선산임씨(善山林氏)

임주석(林周錫)

자(字)는 도현(道鉉)이며, 헌종 12년(1846)에 태어났다. 고종조에 등과(登科)하여 연제충훈부 도사(連除忠勳府都事), 정의대정 현감(旌義大靜縣監)을 역임하고, 가선대부 동지중추부사(嘉善大夫同知中樞府事)에 올랐다.

순창임씨
淳昌林氏

순창임씨(淳昌林氏)

시조(始祖) 및 본관(本貫)의 유래(由來)

순창관(淳昌貫)은 고려 인종 때 대문호인 서하(西河) 임춘(林椿)의 5대손인 임중연(林仲沇)을 관조로 하고 있는데, 그는 1303(충렬왕 29)년에 출생하여 1317(충숙왕 4)년에 문과(文科)에 급제하고 1320(충숙왕 7)년에 우상시에 제수되었으며, 1321(충숙왕 8)년에 밀직부사에 제수되었다. 충선왕(고려 27대왕)이 충숙왕을 원나라에 참소하여 충숙왕이 원나라에 불려가 5년간 있을 때 왕을 따라가서 오랜 기간 충성된 마음으로 보필하였다하여 그 공을 인정받아 2등공신에 찬성사를 제수하였다. 한편 정동성사를 섭행케 하면서 그의 아버지 임연(林演)의 순창백(淳昌伯)에 이어 순창군(淳昌君)으로 봉하니 임중연(林仲沇)이 순창관의 관조가 되었다.

아들인 문정공(文正公) 두문재 임선미(林先味)가 태학사가 되어 강론을 담당하고 있던 중 1392년에 고려가 망하고 이성계가 정권을 잡자 불사이군의 정신으로 오정문 밖 두문동에 은거하고 있는데 이곳에 이성계가 불을 지르니 항절불굴 순절하였다.

임선미는 이때 임용배(林用倍), 임용달(林用達), 임용계(林用桂) 삼형제의 아들을 두었는데, 구사일생으로 살아나 장자인 임용배는 순창에 은거하여 임치지(林致之)를 낳았는데 그가 세거지를 화순으로 옮겨 살았으며, 둘째 임용달은 개성에 남아 선영을 지키며 살게 되었고, 임용계는 홍성에서 은거하였다. 이곳들이 순창임씨의 세거지가 되었으며, 이에 따른 족보는 1746(병인)년부터 시작하여 개성과 화순이 함께 기유보(1789)를 처음 발간하면서 순창관으로 하였다.

본관을 평택으로 바꾸게 된 것은 1901년 신축보 범례에 "임으로 성을 쓰는 자는 원래 평택이 본관인데, 뒤에 내려와서 중조(中祖)의 군(君)으로 봉하여진 고장을 본관으로 하여 혹 같은 조상의 후손이 아닌 것으로 의심하여 통혼하는 자가 있는 것 같았다. 옛날 철종(1849~1863) 임금 때에 여러 임씨 종친이 혼인의 폐단을 막기 위하여 의논하고 위에 말씀드려 윤허를 받아서 모두 원본을 평택으로 하여 족보를 만들었던 것이다."라는 기록이 남아 있다.

순창임씨(淳昌林氏)

본관지(本貫地) 연혁(沿革)

삼한시대 마한의 통치하에서 오산(烏山)과 옥천(玉川)이라 칭하였고, 삼국시대에는 백제에 속하여 도실(道實)이라고 하였다.

고려시대에는 순창현(淳昌縣)으로 남원부(南原府)에 속하다가 명종 5년(1175) 감무(監務)를 배치하고, 충숙왕 14년(1314) 순창군(淳昌郡)으로 승격되었다.

조선시대 초기에는 18방(坊)을 관할하다가 고종 34년(1897) 방(坊)을 면(面)으로 개칭하고 집강(執綱)을 두어 18면을 관할하였다.

1914년 지방제도 개편으로 인화면(仁化面)과 호계면(虎溪面)을 인계면으로, 풍실면과 오산면을 풍산면으로, 팔등면과 덕진면을 팔덕면으로, 상치면과 하치면을 쌍치면으로 통합하였으며, 남원군에 속해 있는 영계면을 순창군에 편입시키는 한편 아동면의 구미, 어치, 동심 등을 영계면에 편입시켜 동계면으로 개칭 14면을 관할하였다. 1919년 금동면과 목과면을 금과면으로 통합하여 12면 126리, 1935년 구암면과 무림면을 구림면으로 통합하여 11면 131리, 1979년 5월 1일 순창면을 순창읍으로 승격하여 1읍 10면 131리 273분리, 1981년 7월 1일 1읍 10면 131리 281분리, 1991년 1월 1일 1읍 10면 131리 288분리를 두고 있다.

순창임씨(淳昌林氏)

항렬(行列)과 세계(世系)

항렬표(行列表)

세	항렬자	세	항렬자	세	항렬자
30	昌(창)	31	魯(노)	32	周(주)
33	鎬(호)	34	洛(락)	35	根(근)
36	煥(환)	37	奎(규)	38	鉉(현)
39	洪(홍)	40	榮(영)	41	炯(형)
42	坤(곤)	43	會(회)	44	浩(호)

순창임씨(淳昌林氏)

세계도(世系圖)

1세 得雨 득우

2세 夢周 몽주

3세 季美 계미

4세 元 원

5세 厚 후

6세 彦 언   1060(生)

7세 幹 간 — 仲幹 중간

8세 宗庇 종비 — 民庇 민비 — 光庇 광비

9세 (중조1세) 椿 춘 西河公

10세 忠世 충세 — 敬世 경세 — 整世 정세

11세 益 익 生員 — 扶安貫 부안관

12세 天鳳 천봉 — 天佑 천우 — 元吉 원길

13세 沼 소 — 演 연 — 鷟 즐 — 河 하 — 潤 연

14세 仲沇 중연 淳昌君

15세 先味 선미 1362(生)-1394(卒)

16세 用培 용배 — 用達 용달 — 巨桂 거계

17세 致之 치지 — 遇韶 우소 — 髙 부

18세 檜 회 — 香 향 — 義昌 의창 — 孟枝 맹지

19세 鐵恭 철공 — 遂恭 수공 — 喜悅 희열 — 永蕃 영번 — 茂蕃 무번 — 應蕃 응번 — 承重 승중 — 承後 승후

20세 叢 총 — 芝 지 — 蓂 명 — 莢 협

순창임씨(淳昌林氏)

역대 주요 인물(歷代主要人物)

임중연(林仲沇)

　고려 충렬왕(忠烈王) 29년(1303)에 출생하였다. 충숙왕(忠肅王) 4년(1317)에 과거에 급제하여 충숙왕 7년(1320)에 우상시(右常侍)에 제수되었으며 국자시(國子試)의 시관(試官)이 되어 정종보(鄭宗輔) 등을 선발하였다. 그해 왕이 정방(政房)을 설치하여 대언(代言) 안규(安珪)와 그에게 전주(銓注)를 맡아보게 하였다. 충숙왕 8년(1321) 10월에 밀직부사로 임명되었으며 다음해 2월에 지밀직사사(知密直司事)에 임명되어 중국에 가는 사신으로 선발되었다. 1322년 밀직사지사(密直司知事) 때 황후 책봉을 축하하는 사신으로 원나라에 가기 위해 파사부(婆娑府)에 이르렀으나 다루가치[達魯花赤]가 역마(驛馬)를 주지 않아 가지 못했다.

　충숙왕이 참소를 당하여 원나라에 불려가 있을 때 충절을 다하여 보좌한 공으로 충숙왕 11년(1324) 신하들에게 포상을 할 때 추성양절공신(推誠亮節功臣)에 오르고 그해 5월에 첨의찬성사(僉議贊成事)를 제수받았으며, 충숙왕 12년에 왕이 본국에 돌아와 교문(敎文)을 내려 순창군(淳昌君)에 봉작하고 충숙왕 14년(1329)에 2등 공신을 제수하고 전답과 노복을 하사하여 부모처자에게도 차등 있게 작록을 주었다. 이듬해(1328) 4월에 찬성사로 임명되었으며 전주(銓注)에 참여하였다.

　그는 충혜왕 집권기간(1330년~1332년)에는 찬성사(贊成事)에서 물러났던 것 같으며 그후 충숙왕이 다시 복위하자 복위 원년(1332) 2월에 다시 찬성사로 임명되어 정동성사(征東省事)를 섭행(攝行)하였다.

　충숙왕 복위 8년(1339)에 승하하자 임중연은 병을 이유로 벼슬을 사절하고 고향에서 고려 공민왕 22년(1373) 천명으로 세상을 마치니 향년 72세였다.

　배(配)는 정부인 평양조씨는 찬성사 연의 딸이고, 초계정씨는 첨의평리 희의 딸이다.

순창임씨(淳昌林氏)

임선미(林先味)

여말의 충의사로 자(字)는 양대(養大)요, 호(號)는 휴암(休菴), 또는 두문재(杜門齋)이며, 순창군(淳昌君) 임중연(林仲沇)의 아들이다.

임선미는 고려 인종 때의 대문호인 서하 임춘의 6세손으로 가풍을 이어 받아 일찍이 문학과 덕행이 확연히 드러나 젊어서 성균관에 들어가 수학하였고, 성석린(成石磷), 조의생(曺義生), 박상충(朴尙衷), 홍중선(洪仲宣) 등과 친분이 두터웠다.

학문에 치밀하고 어느 한쪽에 치우침 없이 바른 길을 밟아 유도(儒道)를 명백하게 드러냈는데, 당시의 예법이 퇴폐하여 100일상(喪)을 지내는 것이었으나 그는 제현과 더불어 고례(古禮)를 강명(講明)하고 3년상을 입도록 권장하니 세상 사람들이 이를 중히 여겨 세속을 바로 잡았다.

1392년 고려가 망하자 태학생(太學生)인 조의생(曺義生) 등과 입산 은거하여 그곳에 초막을 짓고 두문불출했다. 태조 이성계는 이들 현사를 등용하려고 부조현이 건너다보이는 경덕궁(敬德宮)에서 친히 과장(科場)을 베풀었지만 두문동에서는 아무도 나오지 않았다. 그리고 그들 72현은 경덕궁 문에 이르러 관을 버리고 갈삿갓을 쓰고 초석을 등에 진 채 고개를 넘어 사라져 갔다고 한다.

뒤에도 과장을 베풀었으나 끝내 그들은 응하지 않았으며 이에 태조가 크게 노하여 그 거처를 불사르게 명하였는데 이때에 많은 이들이 이 불과 함께 의로써 죽게 되니 세상 사람들이 그 아름다운 행의에 우러러 사모하는 마음으로 이곳을 두문동(杜門洞)이라 이름짓고, 관(冠)을 벗어둔 곳을 괘관현, 걸어 넘어간 곳을 부조현(不朝峴)이라 불렀다.

영조 16년(1470)에 왕이 친히 두문동(杜門同)을 찾아 승국충신면계세(勝國忠臣勉繼世)라 시를 짓고 영조 27년(1751) 9월에 어제 어필로 '승국충신금언재 특수기동표기절(勝國忠臣今焉在 特竪基洞表基節)'이란 비를 그 동에 세우게 하였고, 또한 정조 7년(1783)에는 그들의 숭고한 뜻을 기리고자 개성부에 표절사(表節祠)란 현판을 사액한 후 그들을 제향하게 하였다.

임선미의 애국충정을 추모하여 화순(和順)의 송월사(松月祠), 순창(淳昌)의 호계사(虎溪祠)에 위폐를 모셔 유림에서 제향하고 있다.

순창임씨(淳昌林氏)

과거에 시제를 "이제고마이간(夷齊叩馬而諫)"이라 하니 벌거주론(伐稟紂論)을 지어 이르기를, "탕무(湯武)는 비록 성인이나 신분은 신하이며 걸주(桀紂)는 비록 폭군이나 자리는 임금이라 그런즉 신하로서 임금을 치는 것이 옳겠는가. 우리는 그러므로 그 마음이 폭군을 없애어 백성을 구함에 있지 않고 천하를 취하는데 마음 쓴 자가 어찌 성인이 귀히 하는 천하의 마음이리요. 탕무가 백성을 구함은 곧 얻음이라 천하만세에 그 임금을 원망코자 하는 자는 반드시 탕무로서 구실을 붙여 변명할 것이다."라고 하였다. (杜門洞 書院誌)

임용배(林用倍)

고려 충숙왕 때 찬성사요 정동성사를 섭행한 순창군(淳昌君) 임중연(林仲沇)의 손자이며, 부친은 여말 태학생으로 자는 양대(養大)이며 호는 휴암(休庵) 또는 두문재(杜門齋)인 선미이다.

임용배는 승국명류표방(勝國名流標榜)에 실린 9효(九孝) 가운데 한 사람으로 려운(麗運)이 이미 다 끝날 무렵 송경 즉 개성에서 벼슬길을 막고 등용치 않는 조치(禁錮)가 내려질 초기에 개성을 떠나 남방 타향인 순창에 은거하게 되었는데, 재덕(才德)을 감추어 고민하는 기색을 나타내지 않고 다만 성명만을 보전하려는 듯 보였으나 내심(內心)으로는 조업(祖業)에 충실하였을 뿐 아니라 지조(志操)를 지켜 오직 자손(子孫)을 위해 후일을 도모하는 일과 전조(前朝)를 생각하는 마음으로 꽉 차 있었다.

묘는 순창으로부터 화순읍 감도리 동석동(同石洞) 오좌원으로 옮겼으며, 배(配) 청도김씨의 묘는 그 원편에 있다.

임치지(林致之)

호(號)는 금사(錦沙)로 순창군(淳昌君) 임중연(林仲沇)의 증손(曾孫)이며, 두문재(杜門齋) 임선미(林先味)의 손(孫)이다. 품성이 순직하고 지기(志氣)가 고상(高尚)하여 구경강의(究經講義)에 발휘명석(發揮明晳)하니 세상 사람들이 그의 학문과 덕의(德義)를 칭송하였다.

세종(世宗)조에 등과(登科)하여 남부교수(南部敎授)가 되니 백성을 교화하고 가르쳐 유풍(儒風)을 진작(振作)시켜 사림(士林)의 영수(領袖)가 되었다.

임 부(林 鳧)

고려의 태학사 임선미(林先味)의 손자이다.

지해평군사(知海平郡事)에 임명되었는데, 문종 즉위년(1450) 9월 왕명에 의거하여 의정부(議政府)에서 각급 기관장에 관하여 보고한 내용 가운데 "지해평군사 임부는 나이가 너무 많아 승진시키기 어렵다" 는 기록이 있다. 그 후 호군(護軍)에 임명되었고, 세조 원년(1455) 12월에 원종공신(原從功臣) 3등에 녹훈되었다.

임승후(林承後)

자(字)는 연경(演卿)이다. 연산 1년(1495) 증광시(增廣試)에 병과로 급제하여 진사(進士)에 올랐다.

임 협(林 茨)

자(字)는 성서(聖瑞)이며, 호(號)는 식호당(式好堂)이다. 진사(進士) 임회(林檜)의 손(孫)이며, 참봉(參奉) 임수공(林燧恭)의 아들이다.

선조 3년(1570)에 예빈시 주부(禮賓寺主簿)를 지냈다.

임 수(林 洙)

홍주(洪州) 출신으로 자(字)는 학원(學源), 호(號)는 호암(湖菴)으로 인종(仁宗) 1년 3월 14일에 출생했다.

중종 17년(1522) 식년시(式年試)에 을과로 급제하여 한림학사(翰林學士), 서학교수, 예조정랑(禮曹正郞)을 벼슬 후 사헌부 대사성(司憲府大司成), 경연춘추관사(經筵春秋館事), 홍문관(弘文館)과 예문관(藝文館) 등을 거쳐 판돈녕부사(判敦寧府使)를 지냈다.

일찍이 시(詩)와 문장(文章)이 세상에 알려졌는데, 광해군 3년(161)에

순창임씨(淳昌林氏)

왕명하여 팔문장(八文章 ; 여덟 사람의 문장가)을 선발했을 때 2위로 꼽혔는데, 1위는 이조판서(吏曹判書) 이율곡이고, 임수가 2위이며, 차례대로 영의정(領議政) 심수경, 대사헌(大司憲) 오상부, 선당 이량(李樑), 승지(承旨) 농암 김수, 승지 관물재(觀物齋) 민기(閔箕), 이조판서(吏曹判書) 임당 정유길(鄭惟吉)이었다.

일찍이 임수와 여러 취미가 맞았던 퇴계 이황이 그를 말하기를, '똑같지 않은 것에 특히 관심이 깊고 매사 기이한 사람'이라고 평하였다.

뒤에 대광보국 숭록대부 의정부 영의정에 추증되고, 문간(文簡)이라는 시호가 내려졌다. 하서(河西) 김인후가 그의 죽음을 슬퍼하고 단가(短歌)를 지어 동량(棟樑)의 재목에 비교하였다. 그의 글을 모아 지은 책 두 권이 있다.

임종원(林宗遠)

홍주(洪州) 출신으로 자(字)는 대인(大引)이며, 봉상시 첨정(奉常寺僉正)을 지낸 통훈대부(通訓大夫) 임수(林洙)의 아들이다. 명종 4년(1549) 식년시(式年試)에 병과로 급제하여 진사(進士)에 올랐고, 선전관(宣傳官), 훈련원(訓練院) 주부(主簿), 감찰(監察), 고성현령, 명천부사를 거쳐 공주영장에 이르렀다.

임시계(林時啓)

호(號)는 은암(隱菴)이며, 순창군(淳昌君) 임중연(林仲沇)의 9세손이다.

인조조에 병자호란이 일어나자 은암(隱菴) 임시계(林時啓), 옥림(玉林) 임시태(林時泰), 임천(林泉) 임시민(林時敏), 수은(睡隱) 임시진(林時震), 학정(鶴汀) 임시약(林時若), 송계(松溪) 임시준(林時儁), 묵암(黙菴) 임시익(林時益) 등 칠종형제가 함께 창의하였다.

형제들이 의청을 설치하자 고을 사람들이 모두 이에 응하였고, 이에 옥과현감 이흥발(李興浡), 대동찰방 이기발(李起浡), 순창군수 최온(崔蘊), 전한림 양만용(梁曼容), 전 찰방 유즙(柳楫) 등 오현(五賢)의 격문이 왔다. 곧 옥림 임시태가 모의 도유사로 정해지고 이 칠종형제가 의기 배가되어 의병

순창임씨(淳昌林氏)

400여 명을 모집하고 행군규약 8조를 만들어 군병을 지휘하고 군용을 정돈하였다.

이에 청주의 서평원까지 진군하였는데, 오랑캐가 기병리 산모퉁이에서 삼남지방의 의병을 막고 있다는 소식을 듣고 임시계 등이 앞장서 창을 휘두르고 전진하여 오랑캐 9급의 목을 베고 무기를 탈취하여 돌아오자, 승리의 풍악을 울리고 서로 하례를 하였다.

이에 그치지 않고 다시 30리를 진군하였으나 곧 강화를 했다는 소식에 통곡을 하고 돌아와서는 그뒤 명리를 버리고 자취를 숨겨 일생들을 마쳤다고 한다. 예조 참의(禮曹參議)에 증직되고, 그후 영조 27년(1751)과 영조 31년(1755)에 정려를 내렸으니, 이름하여 칠충각(七忠閣; 화순군 화순읍 대리 소재)이다.

임시태(林時泰)

호(號)는 옥림(玉林)이며, 좌승지 겸 경연참찬관(左承旨兼經筵參贊官)에 증직되었다. 인조조에 병자난을 당하여 은암(隱菴) 임시계(林時啓) 등 칠종형제와 함께 창의하였다.

임시민(林時敏)

호(號)는 임천(林泉)이며, 예조 참의(禮曹參議)에 증직되었다. 인조조에 병자난을 당하여 은암(隱菴) 임시계(林時啓) 등 칠종형제와 함께 창의하였다.

임시진(林時震)

호(號)는 수은(睡隱)이며, 호조 참의(戶曹參議)에 증직되었다. 인조조에 병자난을 당하여 은암(隱菴) 임시계(林時啓) 등 칠종형제와 함께 창의하였다.

순창임씨(淳昌林氏)

임시약(林時若)

호(號)는 학정(鶴汀)이며, 호조 참의(戶曹參議)에 증직되었다. 인조조에 병자난을 당하여 은암(隱菴) 임시계(林時啓) 등 칠종형제와 함께 창의하였다.

임시준(林時儁)

호(號)는 송계(松溪)이며, 좌승지 겸 경연참찬관(左承旨兼經筵參贊官)에 증직되었다. 인조조에 병자난을 당하여 은암(隱菴) 임시계(林時啓) 등 칠종형제와 함께 창의하였다.

임시익(林時益)

호(號)는 묵암(黙菴)이며, 좌승지 겸 경연참찬관(左承旨兼經筵參贊官)에 증직되었다. 인조조에 병자난을 당하여 은암(隱菴) 임시계(林時啓) 등 칠종형제와 함께 창의하였다.

임 척(林 滌)

자(字)는 신중(新中), 호(號)는 옥산(玉山)이며, 주부(主簿) 임협(林葰)의 4세손이자 임시태(林時泰)의 아들이다. 효종 6년(1655)에 참봉(參奉)을 지냈다.

임한상(林漢相)

자(字)는 서징(瑞徵), 호(號)는 후곡(後谷)이며, 임시준(林時儁)의 손(孫)이다. 수암(遂庵) 권상하(權尚夏)의 문인(門人)으로 숙종 31년(1705)에 생원(生員)에 올랐다.

순창임씨(淳昌林氏)

임무원(林懋遠)

자(字)는 정적(政績)이며, 무과에 급제하여 부사(府使)를 지냈다.

정조 4년(1780) 식년 문무과시(式年文武科試)에 무과 급제하여 선전관(宣傳官) 이후 여러 경직(京職)을 거쳐 정조 12년(1788) 무겸(武兼 : 무신 겸 선전관)이 된 후, 정조 14년(1790) 훈련원 주부, 선전관 겸 사헌부 감찰(監察), 형조정랑(刑曹正郞), 고성현령, 훈련원 첨정(訓鍊院僉正) 등을 거쳐 명천부사(明川府使)를 역임하였다. 정조 17년(1793) 나주영장에 제수되니 고향이라고 해서 공주와 바꿔서 공주영장(公州營將)과 바꿔 부임하였고, 정조 18년(1774) 오위장(五衛將)을 거쳐 충익위장(忠翊衛將)으로 재직하였다.

임홍원(林弘遠)

자(字) 규백(逵伯)이며, 현감(縣監)을 역임하였다.

임호의(林好義)

홍주(洪州) 출신으로 자(字)는 방숙(方叔)이며, 선조 19년(1586)에 태어났다. 부친은 군자감 주부(軍資監主簿)를 지낸 선무랑(宣務郞) 임계(林繼)이다. 광해 8년(1616) 증광시(增廣試)에 병과로 급제하여 진사(進士)에 올랐으며, 임호례(林好禮)의 형이다.

임호례(林好禮)

자는 문숙으로 선조 36년(1603)에 태어나서 인조 24년(1646)에 졸하였다. 조부는 정랑 임광우이고 아버지는 조산대부 군자감 주부를 지내고 통정대부 승정원 좌승지에 추증된 임계(林繼)이며 어머니는 숙부인 광산김씨이다.

문과에 급제하여 교리, 가선대부 호조참판을 지냈으며, 형은 통정대부 승정원 좌승지에 지낸 임호의(林好義)이다.

순창임씨(淳昌林氏)

임세무(林世戊)

자는 계춘이고, 호는 송암(松岩)이며, 임우택의 아들로 숙종 40년(1714) 8월에 태어났다.

숙종조에 무과 급제하여 선전관(宣傳官), 통례원 인의, 사헌부 감찰, 공조정랑을 역임하고, 곽산군수, 오위장군 첨지부호군, 우림장군과 호위장군, 안주우복, 대흥중군, 한성판윤, 병조참판을 역임하였다.

영조가 일찍이 병법에 관한 글을 강하는 것으로 시험을 하였는데 그가 한번 외우자 임금이 무릎을 치며 일컫기를 "내가 임공이 강하는 소리를 들으면 가슴이 시원해서 더위에 바람을 만난 듯하다." 고 하였다 한다.

또 그 당시에 죄인을 심문하는 국문이 있었는데 영조가 좌우 신하에게 이르기를 "이번 국문하는 자리에서 조정신하들이 휴식하며 편의를 취하지 않은 이가 없는데 오직 임공 한 사람은 반열에서 이동하지 않고 한 달이 지나도록 하루와 같이 자리를 떠나지 않으니 임공의 성심을 매우 아름답게 여기노라. 임기가 차고 차지 않음을 따질 것 없이 변방에 한 자리로 추천토록 하라." 하고, 사은하고 물러가는 날에 임금이 전교하기를 "나라 일은 크고 작음을 따지지 말고 힘쓰도록 하라." 하였다.

아들은 삼형제가 있는데, 큰아들 임봉한은 영조 30년(1754) 무과에 급제하여 선전관, 조전설 사간원을 거쳐 언양군수로 부임한 후 의금부 도사, 훈련원 도총부도사, 중추부 경력, 경상도병마우복, 안동부사, 무안군수, 온성군에 봉해졌다.

임노욱(林魯郁)

자는 경일(敬日)이며 호는 매곡(梅谷)으로 두문재 선생의 17세손이다.

무과에 올라 고종 30년(1893) 에 홍주영장 겸 토포사로 제수되었는데, 군에 나가 백성을 다스리는데 치적(治跡)이 청백하여 칭송받았다.

후에 향리로 돌아와 소유 재산을 조금 분산하여 시골의 궁한 친구와 가난한 인척들을 빠뜨리지 않고 골고루 구휼하였으며, 만년에 이르러 순창군 유등면 고반리에 정자를 만들고 정자의 이름을 고반정

순창임씨(淳昌林氏)

(考槃亭)이라고 하였다.

임노수(林魯洙)

관명은 용현(鏞炫)이며 호는 기파(琦波)로 고종 30년(1893)에 사헌부 감찰로 있다가 광무 2년(1898)에 흥덕군수로 제수되었고, 고종 36년(1899)에 하동군수로 옮겼다가 고종 38년(1901)에 김천으로 옮겼고 고종 39년(1902)에 또 임실군수로 제수되었다.
 치적(治跡)이 청백하였고, 자제들을 교육하고 종족과 돈목하게 지내며 경향의 사림(士林)이 와서 자리에 차있지 않는 날이 없었다.

임상학(林相鶴)

초휘는 두학(斗鶴), 관명은 명주(命柱), 호는 청해이며, 중조 순창군 임중연의 17세손이요 두문재 선생 임선미의 16세손이다.
 고종 8년에 운봉현감을 지냈는데, 동학난에 의병을 일으켜 재물 이천삼백여 냥을 내어 장정 수십 명을 모집하고 군포(郡捕) 수백 인을 거느려 도내(道內) 비적의 괴수 수십 명을 토벌하고 그 나머지 졸개 수백 명은 훈계하여 귀순하게 하였다. 그 공으로 특별히 소모관(召募官)을 제수하였다.
 국운이 불행하게 되는 것을 보고 고향으로 돌아와 만년에는 물에서 고기 잡고 산에서 나무하는 것으로 소요 당양(逍遙)하였다.

임득일(林得一)

홍주(洪州) 출신으로 자(字)는 구여(九餘)이며, 수의부위(修義副尉) 임산립(林山岦)의 아들로 선조 25년(1592)에 태어났다. 광해 10년(1618) 식년시(式年試)에 병과로 급제하여 생원이 되었다.

임 규(林 葵)

홍주(洪州) 출신으로 자(字)는 자성(子誠)이고, 선조 41년(1608)에 태어

순창임씨(淳昌林氏)

났으며, 군자감 주부(軍資監主簿)를 지낸 선무랑(宣務郞) 임호인(林好仁)의 아들이다. 인조 5년(1627) 식년시(式年試)에 을과로 생원이 되었고, 인조 11년(1633) 증시로 문과 급제하였다. 임명(林蓂), 임영(林笭)의 아우이다.

임 식(林 湜)

홍주(洪州) 출신으로 자(字)는 청지(淸之)이며, 인조 26년(1648)에 임문호(林文虎)의 아들로 태어났다. 숙종 5년(1679) 식년시(式年試)에 병과로 생원이 되었으며, 형은 임탁(林濯), 임택(林澤), 아우는 임척(林滌), 임숙(林淑)이다.

임한상(林漢相)

화순(和順) 출신으로 자(字)는 태보(台甫)이며, 효종 10년(1659)에 임두(林枓)의 아들로 태어났다. 숙종 31년(1705) 증광시(增廣試)에 을과로 생원이 되었으며, 임한우(林漢祐)의 아우이다.

임서봉(林瑞鳳)

홍주(洪州) 출신으로 자(字)는 덕휘(德輝)이며, 창릉참봉(昌陵參奉)을 지낸 중훈대부(中訓大夫) 임석(林蓆)의 아들로 현종 8년(1667)에 태어났다. 숙종 25년(1699) 증광시(增廣試)에 을과로 생원에 올랐다.

임덕승(林德升)

자(字)는 덕형(德亨)이며, 임서규(林瑞奎)의 아들이다. 영조 11년(1735년) 식년시(式年試)에 을과(乙科)로 급제하였다.

임봉래(林鳳來)

박천(博川) 출신으로 자(字)는 순지(舜之)이며, 영조 7년(1731)에 임윤처

(林雲悽)의 아들로 태어났다. 영조 50년(1774) 증광시(增廣試)에 병과로 생원이 되었다.

임수주(林守柱)

화순(和順) 출신으로 자(字)는 이경(而卿)이며, 정조 10년(1786)에 임동록(林東祿)의 아들로 태어났다. 강재(剛齋) 송치규(松穉圭)의 문인(門人)으로 고종 4년(1867) 식년에 병과로 생원이 되고, 고종조에 진사(進士)에 오르고 자헌대부(資憲大夫) 동지중추부사(同知中樞府事)에 승진하였다. 행검(行檢)으로 향도천(鄕道薦)이 있다.

임창의(林昌毅)

화순(和順) 출신으로 자(字)는 춘경(春卿)이며, 정조 14년(1790)에 임홍원(林洪源)의 아들로 태어났다. 고종 11년(1874) 증광시(增廣試)에 병과로 생원(生員)이 되었으며, 임창극(林昌極), 임창갑(林昌甲) 두 형이 있다.

임수동(林洙東)

임실(任實) 출신으로 헌종 12년(1846)에 용양위 부호군(龍驤衛副護軍)을 지낸 절충장군(折衝將軍) 임태현(林泰鉉)의 아들로 태어났다. 고종 7년(1870) 식년시에 병과(丙科)로 급제하여 생원(生員)에 올랐다.

안동임씨
安東林氏

안동임씨 (安東林氏)

시조(始祖) 및 본관(本貫)의 유래(由來)

안동관의 시조는 임인성(林仁成)이다. 그는 조양관의 시조인 임세미(林世味)의 둘째 아들 임식(林湜)의 둘째 아들로 안동에 정착하여 후손들이 안동을 관향으로 삼았다. 문헌의 유실로 구체적인 세계를 상고할 수 없으나 임천붕(林天鵬), 임경(林勁), 임용수(林龍壽) 등이 안동 임씨이다.

본관지(本貫地) 연혁(沿革)

안동은 삼한 시대에는 진한에 속했으며, 삼국사에 의하면 B.C 57년 염상도사(念尙道士)가 길지를 찾아 이곳에 와 처음으로 창녕국이라는 부족국가를 세웠다고 한다.

신라 때는 고타야군으로 되었다가 고구려에 인접한 관계로 한때는 고구려에 속하여 굴화현(屈火縣)으로 불리었으며, 진흥왕 때부터는 계속 신라에 속하게 되었다. 경덕왕(757년) 때 군현제도의 개혁으로 고창군으로 개칭되었다가 그후 일계군(一界郡), 지평군(地平郡), 화산군(花山郡), 고령군(古寧郡), 고장군(古藏郡), 석릉군(石陵郡) 등으로 명칭이 변경되기도 했다.

고려 초 태조와 후백제의 견훤이 병산(甁山)에서 싸울 때 고을인 김선평(金宣平), 권행(權幸), 장길(張吉)이 고을민을 이끌고 태조를 도와 그 공이 컸으므로 부(府)로 승격하고 안동으로 고쳤다. 이때가 태조 13년 930년이다. 그후 영가군(永嘉郡)으로 고쳤다가 성종 14년 서기 995년에 길주지사(吉州刺事), 현종 3년 (1012)에 안무사(安撫使), 9년에 지길주사(知吉州事)로 하였다가 21년에 다시 안동부(安東府)로 하였다.

명종 27년(1197) 남적(南賊) 김삼(金三), 효심(孝心) 등이 주군(州郡)을 겁탈 노략하니 차사(差使)를 보내어 평정하였는데 부(府)가 공이 있다 하여 도호부로 승격하고, 신종 7년(1204) 동경(東京; 경주)의 야별초(夜別抄), 패좌(悖佐) 등이 무리를 모아 반란을 일으키자 이번에도 이를 진압하는데 공이 있었으므로 대도호부(大都護府)로 승격하였다. 충렬왕 34년(1308년) 다시 복주목(福州牧)으로 고쳤다가 공민왕 10년(1361년) 홍건적의 난을 피하여 왕이 남쪽으로 행차하여 이 고장에 머무를 때 고을 백성이 충성을 다해 왕을 봉공(奉公)하였으므로 다시 대도호부로 승격하고 인근 17개 군현(郡縣)을 관할하게 했다. 우왕 9년(1383년)에는 안동도(安東道)로 개칭하고 원수(元帥)겸 부사(府使)를 두었다가 14년 부사제(府使制)로 환원하였다.

조선시대에는 세조 때에 진(鎭)을 두고 부사로써 병마절도부사(兵馬節度副使)를 겸하게 하였다가 얼마 후 부사(副使)는 파하였다.

고종 32년(1895년) 관찰부(觀察府)를 설치하여 인근 9개군을 통괄케 하다가 1년 후 폐지하여 군으로 고치고, 1914년 예안군(禮安郡)을 병합 19개면으로 편성하고 1931년에는 안동면을 안동읍으로 승격하였다.

1962년에 안동읍 행정구역을 그대로 시(市)로 승격하여 명칭을 신안동시라고 하였으나, 시명에 대한 시민들의 의사에 따라 개칭하여 1963년 1월 1일을 기하여 안동시가 되었다가 1995년에는 다시 안동시와 군이 하나로 통합되었다.

안동임씨(安東林氏)

세계도(世系圖)

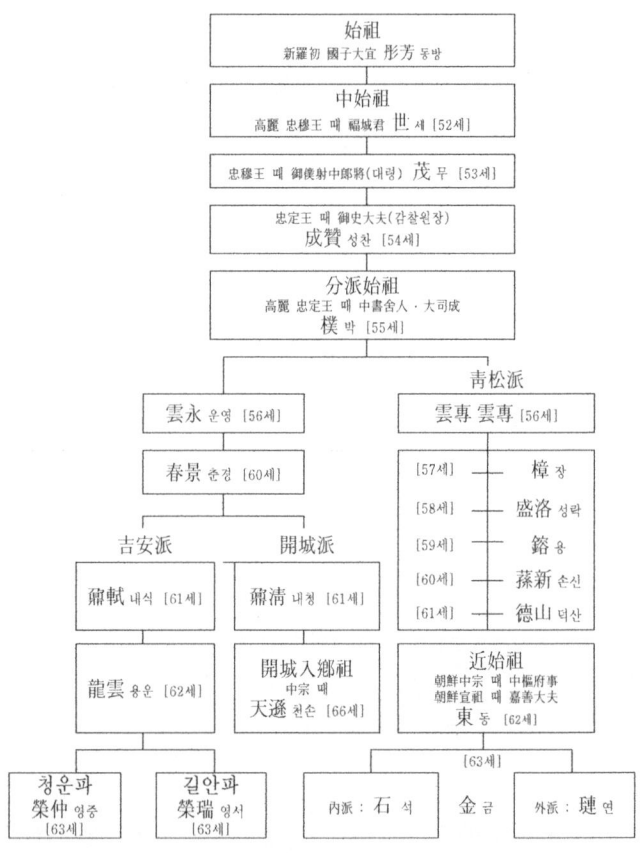

역대 주요 인물(歷代主要人物)

임 적(林 頔)

남양(南陽) 출신으로 자는 언숙(彦叔)이며, 임수정(林秀亭)의 아들이다. 중종 8년(1513) 식년시에 병과로 급제하여 진사에 올랐다.

임언기(林彦箕)

개성(開城) 출신으로 자(字)는 원회(元會)이며, 정조 20년(1796)에 임도은(林道殷)의 아들로 태어났다. 순조 31년(1831) 식년시(式年試)에 병과로 급제하여 진사(進士)에 올랐으며, 아우는 임언신(林彦信), 임언풍(林彦豊), 임언진(林彦晋)이다.

임시순(林時順)

개성(開城) 출신으로 자(字)는 창덕(昌德)이며, 헌종 6년(1840)에 임언성(林彦聖)의 아들로 태어났다. 고종 2년(1865) 식년시(式年試)에 병과로 생원이 되었다.

임백기(林百基)

개성(開城) 출신으로 자(字)는 인숙(忍叔)이며, 헌종 7년(1841)에 임시섭(林時燮)의 아들로 태어났다. 고종 13년(1876) 식년시(式年試)에 병과로 진사가 되었으며, 임덕기(林德基)의 아우이다.

임진오(林鎭五)

개성(開城) 출신으로 자(字)는 산보(山甫)이며, 산청현감(山淸縣監)을 지낸 통훈대부(通訓大夫) 임시순(林時順)의 아들로 1868년

안동임씨(安東林氏)

(고종 5)에 태어났다. 고종 25년(1888) 식년시(式年試)에 병과로 진사(進士)에 올랐으며, 임진동(林鎭東)의 아우이며, 임진항(林鎭恒), 임진학(林鎭學)의 형이다.

임진학(林鎭學)

개성(開城) 출신으로 자(字)는 현경(賢卿)이며, 산청현감(山淸縣監)을 지낸 통훈대부(通訓大夫) 임시순(林時順)의 아들로 고종 16년(1879)에 태어났다. 고종 31년(1894)에 병과 급제하였으며, 임진동(林鎭東), 임진오(林鎭五), 임진항(林鎭恒)의 세 형을 두었다.

임한영(林漢永)

개성 출신으로 자(字)는 고송(孤松)이고 임진관(林鎭寬)의 맏아들이며, 1914에 태어나 1986년에 졸하였다.

1938년 송도고등보통학교를 졸업한 뒤 일본으로 건너가 간사이 카쿠인대학 영문학과를 졸업하였다. 귀국하여 1947년까지 중동중학교에서 교편생활을 하다가 미국으로 건너가 1949년 에모리앤헨리(Emory and Henry) 대학의 창립이사로 활약하였고, 1958년에는 전국교직자교수협의회 초대회장을 역임하였다. 1960년 9월 공주사범대학장, 1963년 인천교육대학장을 거쳐 1965년 성균관대학교 교수로 전임하여 1979년 정년퇴임 때까지 재직하였으며, 1968년부터 1970년까지 한국교육학회장을 역임하였다.

1958년 파리에서 개최된 유네스코 제10차 총회에 한국정부 대표로 참석한 것을 비롯하여 1960년 뉴델리에서 개최된 국제새교육 제10차 회의, 1970년 홍콩에서 개최된 동남아시아기독교협의회, 1973년 파리에서 개최된 국제과학교육진흥협회 제7차 총회, 1983년 뉴질랜드와 1985년 필리핀에서 각각 개최된 태평양과학회의 등 국제학술회의에 한국대표로 참석하여 한국교육학의 국제적 기반을 굳히는 데 공헌하였다.

1979년 9월 정년퇴임 후 1986년까지 한양대학교 대우교수로 재직하였으며, 1974년부터 한국 존 듀이(John Dewey) 연구회장, 1985년부터 세계평화교수협의 회장, 1986년부터 대한민국학술원

원로회원을 역임하였다.

평생을 통해서 듀이의 교육철학 연구에 심혈을 기울이는 한편, 획일과 강제, 주지성(主知性)에 편중되어온 우리나라의 교육풍토에 민주주의교육 및 사고하는 방법을 계도하면서 새로운 교육철학을 일깨우기에 노력하였다. 듀이철학이 비판을 받게 된 뒤에도 듀이철학에 대한 일관된 신념으로 '한국의 듀이'라 일컬어지기도 하였다.

1978년에 대한민국 국민훈장 동백장, 1979년에 문교부장관 표창을 받았다.

저서로는 『교육사상사』(1955), 『교육철학』(1958), 『듀이 교육사상의 연구』(1968), 『교육사상의 비교연구』(1976), 『존 듀이의 생애와 사상』(1977) 등이 있다.

안의임씨

安義林氏

안의임씨(安義林氏)

시조(始祖) 및 본관(本貫)의 유래(由來)

안의관(安義貫)은 부안관(扶安貫)에서 분적된 계통으로 전서공(典書公) 임난수(林蘭秀)의 6세손 임대량(林大樑)을 관조(貫祖)로 받들고 본관을 안의(安義)로 하여 세계(世系)를 이어오고 있다. 한편 임길(林吉)을 중조로 기록한 자료에는 선계를 공민왕조에 문하시중을 지낸 임견미의 손자라고 되어 있는데, 임길의 신도비명에 그의 관향은 이안(利安)으로 조선 초에 중 랑장을 지낸 뒤 정주에 옮겨 정착함으로써 후손들이 그곳에 세거하게 되었다고 하였다.

안의관의 대표적 인물 임온(林韞)은 조선 때 통정대부(通政大夫)에 올라 수안(遂安), 포천(抱川), 송화(松禾) 등지의 현감(縣監)을 역임하면서 선정을 베풀어 향민의 칭송을 받았다.

그밖에 통덕랑(通德郞)에 오른 임해(林㵎), 영조조에 통정대부(通政大夫)에 오른 임요(林燿) 등이 유명하다.

본관지(本貫地) 연혁(沿革)

경상남도에 위치하는 지명으로 신라시대 마리현이었다가 경덕왕 때 이안현으로 고쳐 천령군의 속현으로 만들었다. 통일신라 경덕왕 때 여선(餘善)이라 고쳐 거창군 속현으로 만들었다.

고려 현종 9년(1019)에 합주(현 합천)로 이속시켰으며, 의종 15년(1161)에 주민들이 대신을 저주한다하여 부곡으로 강등되었다가 공양왕 때 감음(感陰, 현 거창군 위천면)에 이속되었으며 감무를 두었다.

조선 태종 때 관아를 이안으로 이속하여 안음으로 고쳐 현감을 두었다. 태종 15년(1415)에 고려 이래의 이안현(利安縣)과 감음현(感陰縣)을 병합하여 안음현(安陰縣)으로 하였으며, 거창현에 변란이 있어 거창현을 안음현으로 이속시켰다. 현종 1년(1649) 거창현이 복현되어 떨어져 나갔다가

안의임씨(安義林氏)

영조 때 안희연으로 개칭한 것을 시원으로 영조 4년(1728) 정희량의 난으로 함양과 거창으로 나누어 복속시켰다. 영조 43년(1767) 안음을 안의(安義)로 고쳐 안의현(安義縣)으로 되었다가 고종 32년(1895) 안의군(安義郡)으로 승격하였다. 1914년 안의군(安義郡)을 폐지하고 함양군(咸陽郡) 안의면(安義面)으로 남아 있다.

역대 주요 인물(歷代主要人物)

임 온(林 韞)

자(字)는 희옥(希沃)으로 조선조에 통정대부(通政大夫)로 공조 참의(工曹參議)를 역임하였고, 통훈대부(通訓大夫)에 추증되었다.

임사효(林士孝)

자(字)는 덕행(德行)으로 조선조에 장례원 판결사(掌隷院判決事)를 지내고 통정대부(通政大夫)에 추증되었다.

임 란(林 蘭)

자(字)는 패숙(佩叔)으로 조선조에 직장(直長)을 지냈다.

임대직(林大檖)

자(字)는 공탁(公琢), 호(號)는 퇴사(退思)로 조선조에 통정대부(通政大夫)에 올라 수안(遂安), 포천(抱川), 송화(松禾) 등지의 현감(縣監)을 역임하면서 선정을 베풀어 향민의 칭송을 받았다.

안의임씨(安義林氏)

임 교(林 嶠)

조선조에 통정대부(通政大夫) 호조참의(戶曹參議)에 추증되었다.

임 현(林 峴)

자(字)는 자첨(子瞻)으로 조선 현종조에 진사(進士)를 지냈다.

임 해(林 嶰)

호(號)는 공당(恭堂)으로 조선 현종조에 통덕랑(通德郞)의 품계에 이르렀다.

임익제(林益濟)

재령(載寧) 출신으로 자(字)는 군즙(君楫)이며, 아버지는 임시훈(林時勳)으로 순조 13년(1813)에 태어났다. 헌종 3년(1837) 식년시(式年試)에 갑과 2등으로 생원에 올랐으며, 임익한(林益漢), 임익순(林益順), 임익해(林益海)의 형이다.

임재균(林載均)

재령(載寧) 출신으로 자(字)는 공일(公一)이며, 임익해(林益海)의 아들로 헌종 10년(1844)에 태어났다. 고종 11년(1874) 증광시(增廣試)에 병과로 생원에 올랐으며, 임재규(林載奎), 임재근(林載根)의 형이다.

임경유(林慶儒)

자(字)는 응서(應瑞)로 조선조에 무과(武科)에 급제하였다.

임지기(林之杞)

안의임씨(安義林氏)

자(字)는 거현(巨賢)으로 조선조에 효자로 칭송받았다.

임 요(林 燿)

자(字)는 약휘(若輝)로 조선 영조조에 통정대부(通政大夫)에 올랐다.

임 연(林 演)

보령(保寧) 출신으로 자(字)는 여경(汝經)이며, 임두교(林斗喬)의 아들로 인조 22년(1644)에 태어났다. 숙종 16년(1690) 식년시(式年試)에 을과로 진사(進士)에 올랐으며, 임지(林潪), 임위(林渭)의 형이다.

임성유(林聖儒)

정주(定州) 출신으로 자(字)는 학부(學夫)이며, 통덕랑(通德郎) 임교(林嶠)의 아들로 현종 10년(1669)로 태어났다. 숙종 31년(1705) 증광시(增廣試)에 병과로 생원에 올랐다. 위로 임명유(林命儒), 임경유(林景儒), 임굉유(林宏儒), 임홍유(林弘儒), 임석유(林碩儒), 임진유(林眞儒), 임일유(林一儒)의 형을 두었고, 아래로 임세유(林世儒), 임한유(林漢儒), 임종유(林宗儒)의 아우를 두었다.

임 계(林 啓)

정주(定州) 출신으로 자(字)는 계섬(季瞻)이며, 황주진관 병마절제도위(黃州鎭管兵馬節制都尉), 수안현감(遂安縣監) 등을 지낸 통정대부(通政大夫) 임대직(林大稷)의 아들로 숙종 3년(1677)에 태어났다. 숙종 43년(1717) 식년시(式年試)에 을과로 생원이 되었으며, 임교(林嶠), 임현(林峴)의 아우이다.

임 기(林 琦)

정주(定州) 출신으로 자(字)는 기옥(奇玉)이며, 예빈시 주부(禮賓寺主簿)

안의임씨(安義林氏)

를 지낸 통훈대부(通訓大夫) 임경유(林景儒)의 아들로 숙종 6년(1680)에 태어났다. 숙종 37년(1711) 식년시(式年試)에 병과로 생원이 되었다.

임만하(林萬夏)

정주(定州) 출신으로 자(字)는 경무(景茂)이며, 통덕랑(通德郞) 임유(林塾)의 아들로 숙종 20년(1694)에 태어났다. 영조 14년(1738) 식년시(式年試) 병과로 생원이 되었다.

임지하(林志夏)

정주(定州) 출신으로 자(字)는 무정(茂政)이며, 숭녕전 참봉(崇寧殿參奉)을 지낸 장사랑(將仕郞) 임기(林琦)의 아들로 숙종 29년(1703)에 태어났다. 영조 29년(1753) 식년시(式年試) 을과로 진사가 되었으며, 임희하(林熹夏)의 아우이며, 임정하(林正夏)의 형이다.

임 창(林 瑒)

정주(定州) 출신으로 자(字)는 백규(伯圭)이며, 숙종 23년(1697)에 성균진사(成均進士) 임성유(林聖儒)의 아들로 태어났다. 숙종 40년(1714) 증광시(增廣試)에 을과로 진사가 되었다.

임경호(林慶虎)

정주(定州) 출신으로 자(字)는 유익(幼翼)이며, 통덕랑(通德郞) 임해(林嶰)의 아들로 숙종 36년(1710)에 태어났다. 영조 23년(1747) 식년시(式年試) 을과로 진사가 되었으며, 형제는 임경붕(林慶鵬), 임경봉(林慶鳳)이다.

예천임씨

醴泉林氏

예천임씨 (醴泉林氏)

시조(始祖) 및 본관(本貫)의 유래(由來)

예천관(醴泉貫)의 상계는 다른 평택임씨와 같이 당나라에서 건너온 임팔급(林八及)을 시조로 하고 있으며, 1세조는 고려조에서 평찰품사(評察品事)를 지낸 임몽주(林夢周), 2세조는 평원군(平原君)에 봉해진 임계미(林季美)이다.

증조 임충세는 부안관(扶安貫)의 1세조인 임계미의 현손 임중간(林仲幹)의 증손이요, 문정공(文貞公) 임광비(林光庇)의 손자이며, 서하(西河) 임춘(林椿)의 장자이다.

『갑자보(甲子譜)』의 기록에 따르면 7세손 임춘(林椿) 대에서부터 경북 예천군을 중심으로 정착하였고, 고려조에 진사에 합격하였고 이부상서에 추증된 큰아들인 임충세(林忠世)가 중조가 되며, 손자 임익(林益)에 이르러 예천을 관향으로 삼았다고 한다.

고려조에서 조선 초기에 이르도록 명문화족으로 이름을 크게 떨쳤는데, 문정공 임종비(林宗庇)가 있고, 서하 임춘은 특히 오늘날까지『서하집(西河集)』이 남아 있어 그 문명이 빛난다.

임춘의 장자 임충세의 자손들로부터 부여(夫餘), 순창(淳昌), 경주(慶州), 울진(蔚珍), 옥야(沃野) 등의 관향이 비롯되었다.

10세손 임천우(林天佑)는 국자 대사성을 지냈으며, 아들 임순연(林舜連)은 우문관 대제학, 손자 임응벽(林應壁)은 대사성에 천거되는 등 고려조에서 이름을 날렸다. 같은 10세손 임원길(林元吉)은 한림을 지냈고, 아들 임지한(林支漢)은 삼중대광 벽상공신에 올랐다.

고려말 종손 임윤덕(林允德)은 공민왕조에 정순대부 판전객사사(正順大夫 判典客寺事)가 되어 예천관의 뿌리를 견고하게 하였는데, 조선이 개국하자 벼슬길에 나아가지 않고 부여에 은거하여 충절을 지켰다. 11세손 임즐(林騭) 역시 고려조에 감찰어사, 육도순무사 등을 지냈으나 조선에 나아가지 않고 두문동 72현으로 절의를 지켰으며, 지극한 효성으로 정려되었다.

조선조에 이르러서는 임계중(林繼仲)이 원종공신 양양군에 봉해졌고, 그 아들 임자번(林自蕃)과 임자무(林自茂) 등도 현달했는데, 임자번은 무과에

예천임씨(醴泉林氏)

급제하여 이징옥(李澄玉)과 이용(李瑢)의 난을 평정하는 데 공을 세웠고 계유정난의 훈공으로 정난공신이 되어 양양군에 봉해졌다.

예천관에는 특히 효행으로 이름을 알린 후손이 많은데, 그 대표적 인물로 임인득(林仁得), 임해봉(林海鳳), 임세걸(林世杰), 임기명(林基命), 임성엽(林誠曄) 등의 '4세 5효(四世五孝)'를 들 수 있다. 이들의 효행 일화로 얼음속의 물고기, 겨울의 풋과실, 시묘중의 호랑이, 여막 속의 꿩 등 자연의 이치를 넘는 이야기를 담아 엮은 『사세오효전(四世五孝全傳)』이 전한다.

본관지(本貫地) 연혁(沿革)

예천은 110여 기의 고인돌과 60여기의 선돌이 발견된 선사 주거지로 신라의 최북단에 위치하여 신라 눌지왕(417~458) 때 수주촌이라 불렸으며, 지증왕 6년(505)에 수주군(水酒縣)으로 되었다.

통일신라 경덕왕 16년(757) 영안(풍산), 안인(동로, 산북 일부), 가유(산양), 은정(상리, 하리)의 4현을 영속시켜 예천군(醴泉郡)이 되었다.

태조 18년(936)에 보주(甫州)로 개칭되고, 성종조에 양양·청하 등의 별호도 생겼다. 현종 9년(1018)에 안동부(安東府)에 편입되었으며, 명종 2년(1172)에 태자(후에 22대 강종)의 태(胎)를 이 고을에 묻었다고 하여 기양현(基陽縣)으로 승격되었다. 신종 7년(1204)에 남도초토사(南道招討使) 최광의(崔光義)가 이 고을에서 동경적(東京賊)을 크게 토벌하여 보주(甫州)로 승격되고, 원종 15년(1274)에 임지한 장군이 반적 최사의 무리를 토평한 전공으로 상주목 관할의 다인현을 예천군의 속현으로 삼아 광무 10년(1906)까지 영속하였다.

조선조에 들어와서 태종 13년(1413)에 보천군으로, 태종 16년(1416)에 또 예천군이라고 하여 옛이름을 되살렸다. 고종 31년(1894) 8도제 시행 당시 경상도 예천군이 되고 고종 33년(1896) 13도제 실시 때 경상북도 예천군이 되었다. 광무 10년(1906)에 화장과 동로소를 문경군으로, 현내면, 현동면, 현서면, 현남면(이상 옛 다인현)은 비안군으로 이속되었고, 안동부 관내의 감천면을 예천군으로 편입하였다.

예천임씨(醴泉林氏)

항렬(行列)과 세계(世系)

항렬표(行列表)

덕산종파(德山宗派) : 몽주(夢周) 1세

세	항렬자	세	항렬자	세	항렬자
26	鉉(현)	27	源(원)	28	柱(주)
29	炳(병)	30	培(배)	31	秉(병)
32	黙(묵)·熙(희)	33	奎(규)	34	鎬(호)
35	泳(영)	36	植(식)	37	憲(헌)
38	善(선)	39	鐘(종)	40	演(연)

부여파(扶餘派)

세	항렬자	세	항렬자	세	항렬자
26	火(화)	27	在(재)	28	鎭(진)
29	洙(수)	30	相(상)	31	秉(병)·炳(병)
32	黙(묵)·熙(희)	33	奎(규)·基(기)	34	鎬(호)·鉉(현)
35	泳(영)·源(원)	36	植(식)·杓(표)	37	憲(헌)·必(필)
38	善(선)·喜(희)	39	鐘(종)·鏞(용)	40	演(연)·河(하)

예천 성은공파(醴泉 城隱公派)

세	항렬자	세	항렬자	세	항렬자
26	奎(규)	27	鎭(진)	28	洙(수)
29	相(상)	30	炳(병)·輝(휘)	31	圭(규)·基(기)
32	鍾(종)·鉉(현)	33	淳(순)·洛(락)	34	東(동)·植(식)
35	熙(희)·炫(현)	36	垠(은)·垣(원)	37	銖(수)·鎬(호)
38	永(영)·潤(윤)	39	榮(영)·根(근)	40	煥(환)·炅(경)
41	培(배)·均(균)	42	鎔(용)·鏞(용)	43	源(원)·河(하)
44	秉(병)·柄(병)	45	烈(렬)·燮(섭)	46	載(재)·在(재)
47	鐸(탁)·鍵(건)				

예천임씨 (醴泉林氏)

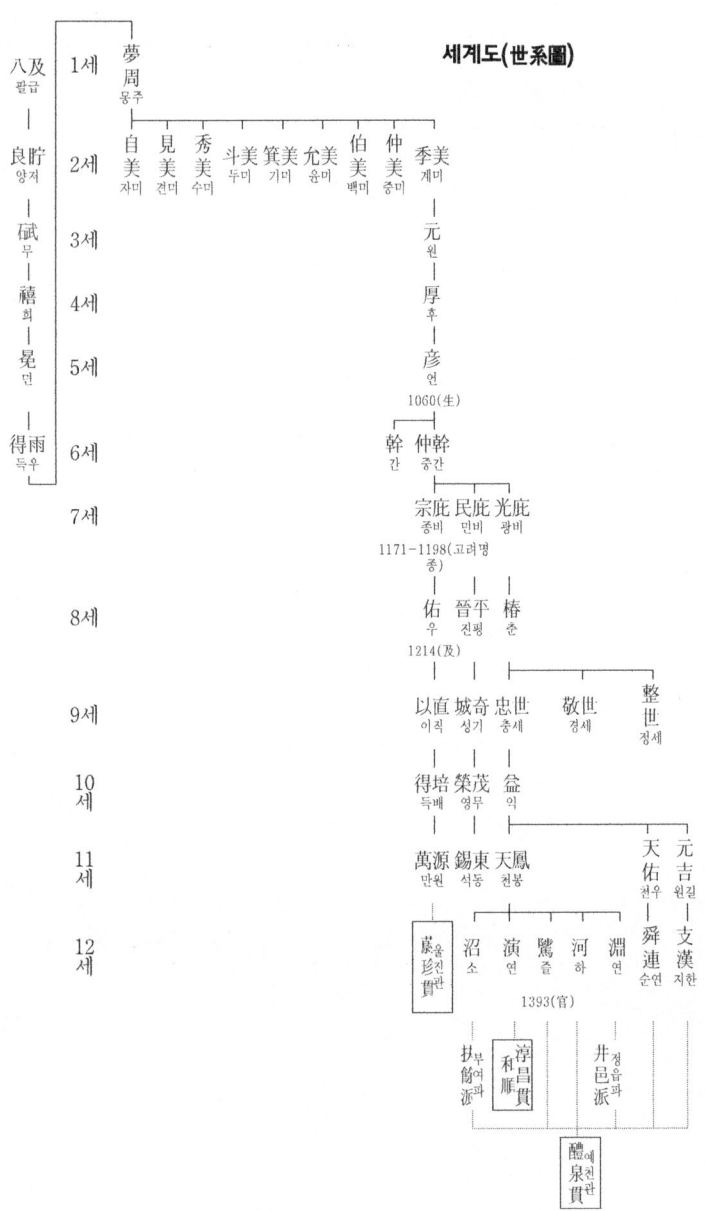

예천임씨(醴泉林氏)

역대 주요 인물(歷代主要人物)

임 춘(林 椿)

고려 의종~명종 때의 문인이고 예천관(醴泉貫)의 시조로 자는 기지(耆之), 호는 서하(西河)이다. 생몰년을 알 수 없는데, 문헌을 상고해보면 대략 의종 경에 태어나 30대 후반까지 산 것으로 추정된다.

고려 건국 공신의 후예로 평장사(平章事)를 지낸 할아버지 임중간(林仲幹)과 상서(尙書)를 지낸 아버지 임광비(林光庇)와 한림원 학사를 지낸 큰아버지 임종비(林宗庇)에 이르러 옛 귀족 사회에 문학적 명성으로 기반이 닦여 있었다. 임춘은 일찍이 유교적 교양과 문학으로 입신할 것을 표방하여 무신난 이전에 이미 상당한 명성을 얻었다. 하지만 20세 전후에 무신난을 만나 가문 전체가 화를 입은 가운데 겨우 피신하여 목숨은 부지하였다. 그러나 조상 대대의 공음전(功蔭田)까지 탈취당한 채 개경에서 5년간 은신하다 가족을 이끌고 영남 지방으로 피신해 7여 년간 타향살이를 하였다. 그런 생활 중에서도 당시 정권에 참여한 인사들에게 벼슬을 구하는 편지를 쓰는 등 자천(自薦)을 시도하였다.

다시 개경으로 올라와 과거 준비까지 한 적이 있으나, 결국 뜻을 이루지 못하고 실의와 빈곤 속에 방황하다 일찍 죽고 말았다. 끝내 벼슬길에 오르지는 못하였지만 유자(儒者)의 입장에서 현실을 바라보았으며, 남달리 불우한 생애를 군자의 도로 지키고자 하였다. 이인로(李仁老)를 비롯한 죽림고회(竹林高會) 벗들과는 시와 술로 서로 즐기며 현실에 대한 불만과 탄식, 큰 포부를 문학으로 피력하였다. 그의 시는 강한 산문성을 띠고 있는데, 거의 그의 생애의 즉물적 기술이라 할 만큼 자신의 현실적 관심을 짙게 드러내고 있다. 가전체 소설인 『국순전(麴醇傳)』, 『공방전(孔方傳)』은 신하가 취하여야 할 도리에 대한 입언(立言)이면서 당세의 비리를 비유적으로 비판한 의인체 작품이며, 서(書), 계(啓), 서(序), 기(記) 등은 안분지기(安分知機), 가일(可逸)의 경지를 그려내고 있다. 또 「장검행(杖劒行)」을 비롯한 장편 시들은 불우한 그의 인생에 대한 적나라한 묘사와 비분의 토로가

예천임씨(醴泉林氏)

중심을 이루고 있다.

이같은 강렬한 현실 지향성이 그의 문학의 특징이며, 투철한 자아 인식의 산물이라는 점에서 문학사 상의 의의를 찾을 수 있을 것이다. 예천의 옥천정사(玉川精舍)에 제향되었다. 문집인『서하집』은 그가 죽은 뒤 지우(知友) 이인로가 엮은 유고집으로 6권으로 편찬되었으며,『동문선』,『삼한시귀감(三韓詩龜鑑)』에 여러 편의 시문이 실려 있다.

그가 죽은 후 봉익대부 삼사사(奉翊大夫三司使)에 추증되었으며, 예천군 보문면(현 예천군 감천면 덕률리)에 건립된 옥천정사(玉泉精舍 ; 1667에 건립)에 제향되었다. 묘소는 하음전씨(河陰田氏)와 합장으로 인천광역시 검단면 마전리 선영에 모셔 있으며 시제는 매년 10월 15일 사당에서 그의 후예들이 모여 거행하고 있다.

임춘의 생애와 문학

임춘의 자는 기지(耆之)이고, 처음 자(字)는 대년(大年)이며, 호(號)는 서하(西河)이다.『동국여지승람』에는 "『고려사(高麗史)』에 전하기를 임춘(林椿)이 서하(西河) 사람이라 하였는데 무엇에 근거하였는지 알 수 없다"라고 기재되어 있다.『고려사』에 기재된 서하라는 지명으로는 서하군포(西河郡浦)가 있다. 서하군포는『고려사』지 제33 조운(漕運)편에 나오는 지명으로, 성종 11년(992)에 그곳에서 서울까지의 운반비로 9섬으로 정한 지역인 바, 서하군포를 이전에는 풍주(豊州)라 했다고 기술하고 있다.

『세종장헌대왕실록(지리지)』에 의하면 풍천군(豐川郡)의 별호가 서하(西河)였으며, 가화현(嘉和縣)과 은율현(殷栗縣)을 고려 현종 때 풍주(豊州 ; 豐川郡을 개명함) 임내에 붙였다는 기록과 풍천군(풍주 즉 서하)의 가화현과 은율현 두 지방에서 거주하다가 타지로 이사간 임씨(林氏)가 있다는 기록이 있다. 따라서 임춘(林椿)의 선조(先祖)는 이 지방에서 살다가 예천지방으로 이주하였을 가능성이 매우 크다. 한편『예천임씨족보』에 보면 예천군을 과거에 서하(西河)라고 불렀다고 기록되어 있는데, 그 지명이 변한 것인지 본관의 명칭이 변한 것인지 애매하다.

예천임씨(醴泉林氏)

임춘은 문장이 뛰어나 『성리종회』10편과 『삼재상수지학』20편을 저술하였다고 하는데, 오늘날 전해지지 않아서 내용을 알 수 없다. 그의 저작 중에서 『국순전(麴醇傳)』과 『공방전(孔方傳)』은 우리나라 최초의 가전체 소설로 술과 돈을 각각 의인화한 것이다. 그 내용은 신하가 취하여야 할 도리에 대한 입언(立言)으로, 당세의 비리를 비유적으로 비판한 의인체 작품이다.

그중 공방전의 공방은 엽전의 둥근 모양에서 공(孔)을, 구멍의 모난 모양에서 방(方)을 따서 붙인 이름인데, 이 작품은 인간의 삶에서 돈이 필요해 만들어 쓰지만, 그 때문에 생긴 인간의 타락상을 역사적으로 살피고 있다. 작자가 사신의 말을 빌려 공방의 존재가 삶의 문제를 그릇되게 하므로 후환을 막으려면 그를 없애야 한다고 하였다. 난세를 만나 참담한 가난 속에 지내다 일찍 죽고 만 임춘의 돈의 폐해에 대한 비판적 인식을 보여주는 작품이다.

임춘이 태어난 연대와 사망연대는 확실치 않다. 다만 정중부(定仲夫)의 난(1170) 이전에 진사가 되었다는 점과 4년 후(1174)에 혼자 강남으로 내려갔다가 7년 후에 돌아왔으며, 강남으로 간 후 10년 지난 시점에는 병이 골수에 사무친 점 등을 미루어, 그가 1185년경에 사망한 것으로 추측된다. 그때 그의 나이가 33세였으니, 태어난 연대는 1153년경이었다고 추측할 수 있다. 한편 임춘이 죽었을 때 이인로가 제문(祭文)을 지었는데, "청춘의 나이 30에 벼슬 없이 죽으니(靑春三十白衣永沒)"라고 함으로써 임춘이 30세에 죽었다고 말하는 사람이 많다. 그러나 그의 행적이나 작품들을 볼 때 나이 33세에 죽은 것으로 추정되며, 이인로는 젊은 나이에 죽었음을 애석히 여기고 '30대'라는 의미로 '靑春三十'이라고 쓴 것 같다.

그의 증조부는 임언(林彥)으로 예종 때 윤관(尹瓘), 오연총(吳延寵) 등과 함께 여진을 정벌하는 데 큰 공을 세웠으며, 벼슬은 예부시랑에 이르렀다. 또 임춘은 사륙체의 문사에 재주가 있었던 임종비(林宗庇)의 종자(從子 ; 조카)라고 『동국여지승람』제24권 예천군조에 실려 있다. 한편 『예천임씨세보(醴泉林氏世譜)』와 『고려서하임공행장(高麗西河林公行狀)』에 의하면, 임춘의 부친은 임광비(林光庇)로서

예천임씨(醴泉林氏)

백부 임종비와 더불어 연달아 한림에 나아갔으며, 이인로(李仁老)가 지은 제문(祭文)에도 "임춘이 주벌(朱閥 ; 고관대작)의 가문으로 매우 부유한 집에서 태어났다"고 각각 기록되어 있다.

임춘은 태어나면서부터 영특하였고, 7세 때에는 깨닫지 못하는 말이 없었다고 한다. 백부인 학사 임종비(林宗庇)의 지도를 받으며 공부했고, 문음으로 벼슬길에 나갈 수 있었음에도 이를 사양하고 과거에 응시하는 길을 택했다. 정중부의 난(1170) 이전에 과거를 두 번 응시했다는 기록이 있는 것으로 보아 당시 19세에 불과한 재기발랄한 청년이었다. 다만 18~19세쯤(1170경) 되었을 때 부친의 지시로 태자(太子)의 시종(侍從)으로 들어가고자 김천(金闡) 시랑(侍郎)과 김소경(金少卿)에게 계(啓)를 보낸 적이 있으나, 정중부의 난이 일어나 이를 이루지 못했다.

한편 그가 살던 시절의 왕인 고려 의종은 무능한 군주로서 호화로운 정자를 지어놓고 연락(宴樂)으로 세월을 보냈고, 문반과 무반의 차별을 매우 심하게 했다. 그 결과 1170년 무신난이 일어나 호종 문관과 대소 관료들이 많이 죽었던 것이다. 3년 후인 1173년에는 김보당(金甫當)이 의종 복위운동을 일으켰다가 실패함으로써 "유관(儒冠)을 쓴 자는 서리까지도 씨를 남기지 말고 죽이라"는 지시가 있었으므로 많은 문신들이 죽임을 당했다. 이때 임춘의 집안도 문신이라는 이유로 거의 모든 가족이 몰사했는데, 임춘만은 몸을 빼서 겨우 난을 피했고, 처와 누이동생 등 남은 가족은 많은 핍박을 받았다.

그는 무신난 발생 후 5년이 되는 해(1174)에 홀로 개경을 떠나 양양 지과리(현재의 예천군 보문면)에 은거하였으며, 그 집을 회문당(喜聞堂 ; 후에 옥천정사를 세움)이라 하였다. 이때의 심사를 『서하집(西河集)』의 「고율시편(古律詩篇)」에서 다음과 같이 읊고 있다.

서울의 진토 속에 (長安塵土中)

높은 베개 베고 5년을 살았는데 (高枕臥五載)
늘 굶주려서 얼굴이 검게 변했으나 (恒飢已變顏色黧)
천 권의 책으로 메마른 창자를 달래었네. (牢落枯腸千券書)

예천임씨(醴泉林氏)

정강이뼈만 따뜻하면 만족하고 (及骭亦足溫)
배만 부르면 남는 원이 없어라. (滿腹不願餘)
가소롭다 문장해봐야 맞돈 한 푼 못 받는데, (可笑文章不直錢)
만승천자가 어찌 자허부를 읽었다던가? (萬乘何會讀子虛)
(후략)

친구에게 부치며 (寄友人)

10년 동안 떠돌면서 생애를 저버린 몸 (十年流落負生涯)
간 곳마다 차마 어찌 경치를 대하리. (觸處那堪感物華)
봄 바람 가을 달에 시는 준비되었고 (秋月春風詩准備)
나그네 시름, 유랑의 회포는 술로 활활. (旅愁羈思酒消磨)
천추에 전할 만한 공업은 없을망정 (縱無功業傳千古)
문장은 일가를 이루었구나. (還有文章自一家)
성세에 한가함도 과히 언짢지 않은 일, (盛世偸閑殊不惡)
내 신세 엄청 불우해도 그대로 맡겨두리. (從敎身世轉蹉足也)

또 민원발이 방문했을 때 임춘이 지은 다음과 같은 시(詩)에 당시의 처량한 심정이 나타나 있다.

민원발의 방문을 기뻐함(喜閔元拔見訪)

양양(襄陽)이 그리워 은택으로 돌아가니 (老憶襄陽歸隱盧)
눈에 선한 친구들도 정이 멀어졌네. (眼中親故盡相疎)
빙곡에 묻힌 이 몸 오랫동안 처량하여 (身藏氷谷凄涼久)
진인의 훈계도 귀에 끊어졌지. (耳絶眞人警咳餘)
궤를 의지하여 제물론도 보고 (隱几靜觀齊物論)
문을 닫은 채 절교 편지도 쓴다네. (閉門方著絶交書)
성곽을 등진 내 거처도 놀라운 일이거늘 (自警負郭窮居陋)
어찌하여 고관의 수레를 자주 돌아보랴! (何事頻回長者車)

그가 강남(江南)에서 지내는 동안 고향인 양양(襄陽 ; 예천군)

예천임씨(醴泉林氏)

에서는 그다지 환영을 받지 못한 것 같다. 그 후 개령(현 금릉군 개령면)으로 옮겼는데, 거기에서는 그를 인정해주는 사람도 많았으며 많은 도움을 받았다고 기록하고 있다. 특히 상주(尙州) 정서기(鄭書記)의 도움을 많이 받았으며, 법주사, 지륵사, 영남사, 자복사, 죽림사 등 사찰을 찾기도 하면서 많은 문정을 남기고 많은 승려들과도 교제를 하였다. 그는 명종 17년(1177)에 「소림사 중수기(小林寺重修記)」를 썼고, 대정 19년(1179)에는 「묘광사 16성중 회상기(妙光寺十六聖衆繪象記)」를 썼으며, 그 밖에 「화안기(畵雁記)」, 「일재기(逸齋記)」, 「족암기(足庵記)」 등을 썼는데, 이들 문장이 『동문선(東文選)』에 수록되어 있다.

또 그는 많은 서(序 ; 事蹟의 요지를 적은 글)를 지었는데 그 중에서 「중추회음서(中秋會飮序)」, 「부도가일명자서(浮屠可逸名字序)」, 「송이미수서(送李眉叟序)」, 「송함순부익령서(送咸淳赴翼嶺序)」, 「송황보항부충주서(送皇甫抗赴忠州序)」, 「송지겸상인 부중원광수원 법회서(送志謙上人 赴中原廣修院 法會序 ; 지겸이 광수원 법회에 갈 때 전송한 서)」가 『동문선』에 수록되어 있다.

임춘은 여러 곳을 다니고 많은 글을 썼는데, 그 중 「동행기(東行記)」에 보면 당진(唐津)의 경치를 예찬하였고, 명주(溟洲), 원주(原州), 낙산(洛山) 등의 경치와 그곳에서 활동한 도인(道人)과 고승(高僧) 등을 기리곤 하였다. 성주 고을에 잠깐 갔을 때 임춘의 문장을 사모하던 고을 원이 이름난 기생을 시켜 모시게 하였으나, 밤이 되자 도망하였으므로 이튿날 연석으로 나가서 다음과 같은 시를 지었다 한다.

희증밀주수(戲贈密州倅)

홍장 미인이 새벽에 단장하고 금비녀 꽂고서 (紅粧待曉帖金鈿)
재촉하는 부름을 입어 비단 자리에 올랐네. (爲被催呼上綺筵)
원님의 엄한 호령도 두려워하지 않고 (不怕長官嚴號令)
공연히 지내는 손 궂은 인연을 탓하네. (謾嗔行客惡因緣)

예천임씨(醴泉林氏)

누에 올랐어도 퉁소 부는 짝이 되어 주지 않고 (乘樓未作吹簫伴)
달로 달아나 도리어 약을 훔치는 선녀가 되누나. (奔月還爲竊藥仙)
청운의 어진 학사에게 말 전하노니 (寄語靑雲賢學士)
어진 마음으로 채찍일랑 제발 쓰지 마소서. (仁心不用示蒲鞭)

임춘이 문신들이 철저히 배척받아 은거하던 중 왕약주(王若疇)에게 보낸 편지를 보면, 그의 가문(특히 부친)이 무신난에서 배척받았고, 이로 인해 그가 과거에 응시하여도 급제되지 않는 상태였음을 짐작케 한다.

(전략) 또한 헤아릴 수 없는 것이 있으니 형은 나를 위해 의심과 고민을 풀어주시겠습니까? 괴이한 것은 무리 가운데 내가 어리고 재능이 있어서 교묘히 과거를 볼 수 있으리라 하여 흠연히 한가지로 이야기하니 진실로 이것이 내가 늠름히 듣고자 하지 않는 것입니다. (후략)

그러던 중 명종 10년(1180)에 이인로(李仁老)의 장원급제 소식을 듣게 되었다. 이에 그는 7년간의 은거생활을 청산하고 개경으로 돌아왔으나 그를 기다리던 것은 모두 슬픔뿐이었다. 나약한 처는 병들어 있고, 누이는 과부가 되어 있었으며, 선조(先祖)가 건국공신으로서 왕으로부터 영세토록 지급받은 토지는 병사(兵士)들에게 모두 빼앗겨 송곳을 꽂을 만한 땅도 남아 있지 않았다. 그는 병사들에게 빼앗긴 땅을 되찾으려고 관리들에게 탄원도 해보았으나(上刑部李侍郞書, 上安西大判陳郞中光修啓 등) 그의 생전에 되찾았다는 기록은 없다.

그는 개경에 돌아온 후 한 번 더 과거에 응시하였는데, 당시 무신집권 아래에서는 과거에도 부패상이 심하여 박식한 선비들이 많이 탈락할 수밖에 없었으며, 이에 임춘도 탈락의 고배를 마시게 되었다. 그는 오랜 가난으로 몸까지 병들어 자천, 타천의 글을 조정에 여러 번 보냈으나 받아들여지지 않았다.

예천임씨(醴泉林氏)

병중유감(病中有感)

해마다 과거를 헛되이 보내니 (年年虛過試圍開)
늙은 몸은 오히려 정정하다네. (臨老猶堪矍鑠哉)
과거란 원래 준재를 뽑는 것 (科第由來收俊士)
공경이 뉘라 비재를 천거하리. (公卿誰肯薦非才)
큰 고래가 분격하려 하지만 파도는 말랐고 (長鯨欲奮波濤渴)
병든 학이 날려 하지만 날개가 꺾였네. (病鶴思飛羽翼摧)
강동에는 옛 은거지가 있으니 (舊有江東隱居地)
가련한 것은 백발 되어 돌아갈 내 신세. (自憐頭白好歸來)

『동문선(東文選)』권 제13 칠언율시(七言律詩) 편에는 위에 수록한 시(詩) 외에도 '꿈을 꾸다(詠夢)', '겨울날 노상에서(冬日途中)', '9월 9일에 여러분의 모임에서 있었던 말을 듣고(九日聞諸公有會)', '정학사를 추도하며(追悼鄭學士)', '이미수와 함께 담지의 집에 모여서(與李眉叟會湛之家)', '차우인의 운(次友人韻)', '사업 최영유를 모시고 오선생을 찾아가서(陪崔司業永濡訪吳先生)', '김열보를 애도하다(掉金閱甫)'등이 수록되어 있다. 그리고 칠언절구(七言絶句) 편에는 '다점에서 낮잠을 자면서(茶店晝睡)', '황보약수에게 장난삼아 주노라(戲贈皇甫若水)', '저문 봄 꾀꼬리 소리를 들으며(暮春聞鶯)'가 수록되어 있으며, 오언고시(五言古詩)로 '유별김선(有別金璿)', 칠언고시(七言古詩)로 '기홍천원(寄洪天院)', 오언율시(五言律詩)로 '사견방(謝見訪)', '이평장광진만사(李平章光縉挽詞)', '증이담지(贈李湛之)'가 각각 수록되어 있다.

또한 그가 지은 표와 계 여러 편이 『동문선』 제45권(表箋)과 제46권(啓)에 수록되어 있는데, 「상김시랑계(上金侍郎啓)」, 「사김소경계(謝金少卿啓)」, 「하신급제최영유계(賀新及第崔英濡啓)」, 「상오랑중계(上吳郎中啓)」, 「상모관계대인행(上某官啓代人行)」, 「상이학사계(上李學士啓)」, 「상안부학사계(上按部學士啓)」, 「하왕사인계(賀王舍人啓)」, 「사상주정서기소계(謝尙州鄭書記紹啓)」, 「대김선주원상 진양임대판계(代金善主瑗上 晉陽林大判啓)」, 「답종형계(答

從兄啓)」,「사견방계(謝見訪啓)」, 「하이장원미수계(賀李壯元眉叟啓)」, 「안서대판진랑중 광수계(安西大判陳郞中光修啓)」,「상이상시지명계(上李常侍知命啓)」,「하장시랑 자목 배태복경보문각 직학사 잉치사계(賀張侍郞自牧拜太僕卿寶文閣直學士仍致仕啓)」, 「사조상국 상차자천진계(謝趙相國上箚子薦進啓)」, 「상진강후 사직한림계(上晉康候謝直翰林啓)」,「사기평장 소부계연계(謝奇平章召赴褉宴啓), 「사임비감 견방계(詐林祕監見訪啓)」, 「상좌주김상국사의발계(上座主金相國謝衣鉢啓)」 등이 그것이다.

그가 작성한 서(書)도 여러 편이 『동문선』 제58권에 수록되어 있는데, 「상이학사지명서(上李學士知命書)」, 「대이담지 기권어사 돈례서(代李湛之寄權御史敦禮書)」, 「답동전서(答同前書)」, 「답박인석서(答朴仁碩書)」, 「상이부낭중순우천서해서(上吏部郞中純祐薦徐諧書 ; 이부낭중에게 서해를 천거)」, 「여황보약수서(與皇甫若水書)」, 「여미수논동파문서(與眉叟論東坡文書)」,「답영사서(答靈師書)」,「상이학사서(上李學士書)」, 「상형부이시랑서(上刑部李侍郞書)」, 「여왕약주서(與王若疇書)」, 「여황보약수서(女皇甫若水書)」, 「여조역락서(與趙亦樂書)」, 「동전서(同前書)」, 「여담지서(與湛之書)」, 「기산인오생서(寄山人悟生書)」, 「여계사서(與契師書)」, 「여홍교서서(與洪校書書)」 등이 그것이다.

또한 그는 제문(祭文)의 작서에도 능하여 여러 제문이 『동문선』에 수록되어 있는데, 「제복원도리문 대문제행(祭復源闍梨文門弟行)」, 「제김상서신윤문 대서행(祭金尙書莘尹文代壻行)」, 「제녹사이유량문 대담지작(祭錄事李惟諒文代湛之作)」, 「제황보원문대부행(祭皇甫源文代父行)」, 「제안사열문 대매행(祭安社悅文代媒行)」, 「제이추밀문 대서행(祭李樞密文代壻行)」등이 그것이다.

또 임춘은 특히 이인로(李仁老), 오세재(吳世材), 함순(咸淳), 조통(趙通), 이담지(李湛之), 황보항(皇甫抗) 6인과 함께 모여서 시(詩)와 술(酒)을 즐기며 현실에 대한 불만과 탄식을 토로하는 한편, 문학을 통하여 큰 포부를 피력하곤 하였다. 그래서 이 7인을 합쳐 중국 진(晉)나라 때의 죽림칠현(竹林七賢)에 비하여 '강좌칠현(江左七賢 ;

예천임씨(醴泉林氏)

海左七賢 또는 竹臨七賢)'이라 불렸고, 그 모임을 '죽림고회(竹林高會)'라고 하였다. 1170년(의종 24) 정중부(鄭仲夫)의 무신난이 일어난 이후, 문인들이 전원으로 도피하여 시주(詩酒)를 벗 삼는 풍조가 유행했는데, 죽림고회(竹林高會)를 중심으로 맺어진 이들 강좌칠현(江左七賢)이 그 주류를 이루어 청담(淸談)의 풍이 고려, 조선시대에 성하게 되었다.

임춘은 말년에 장단의 동측에 있는 군민의 전지를 사서 정착하였다. 이때 친구인 학사 이지명(李知命)이 비용을 마련하여 주었는데, 이는 그가 가야산인(伽倻山人) 오생(悟生)에게 보낸 편지에 나타나 있다. 임춘은 장단에서 산천이 아름다움에 경탄하여 다음과 같은 시를 지었다.

장단에 바람이 급하여 물결이 산더미 같은데 (長湍風急浪如山)
배 한 척 빌려 타려 하나 여울에 오르기 어려워라. (欲借孤舟上瀨難)
열두 시가 지나면 아침이 다시 밤인 것을 (十二時回朝復暮)
인간세상 어느 날에 파란이 적을까? (人間何日少波瀾)

임춘이 30대의 젊은 나이로 사망하자, 친구 이인로(李仁老)는 제문(祭文)에서 그에 대하여 말하기를 "살아감에 검은 굴뚝이 없고, 행함에 수레가 없음을 곡하면서, 그런 곤궁 속에서도 절개를 바꾸지 않았습니다.(중략) 공(公)의 몸은 비록 궁하나 재주는 북두칠성처럼 높고, 목숨은 짧으나 이름은 태산과 화옥처럼 멸하지 않을 것입니다." 라고 하였다. 그가 죽은 후 20년 만에 이인로가 그의 시, 소설, 제문 등 유고를 모아 만든 『서하선생집(西河先生集)』의 서문에 "선생의 문장은 고문을 배웠고 시(詩)는 소아(騷雅)의 풍골에 있어서 해동(海東)에서 벼슬하지 않은 사람으로 세상에 뛰어난 사람은 이 한 사람뿐이다. 그가 죽은 지 20년, 배우는 사람들이 입으로 시(詩)를 읊으면서 마음으로 흠모하지 않는 사람이 없다. 장차 굴송(屈宋 ; 전국시대 초나라 대부로 대문장가)의 반열에 두려 하니, 이른바 군자가 귀하고

예천임씨(醴泉林氏)

수(壽)하다는 것이 여기에 있지 않은가?"라고 썼다. 임춘은 불과 33세의 젊은 나이로 요절하고도 주옥과 같은 많은 시, 소설 등을 남겼는데, 그 속에 번득이는 해박한 지식과 천재적인 시상 등으로 인해 '동양의 단테'라고 불리워지기도 한다.

『서하집(西河集)』

임춘이 지은 시와 제문 및 소설 등은 『서하집(西河集 ; 西河先生集)』에 모아졌는데, 여기에는 고율시(古律詩) 174수, 서(書) 18편, 서(序) 6편, 전(傳) 2편, 계(啓) 15편과 제문(祭文) 6편이 실려 있다.

『서하집(西河集)』은 맨 처음에 벗인 이인로(李仁老)가 잔고를 모아 6권으로 편집하고 아들 임비(林秘)를 시켜 교정, 선사해둔 것을 이인로 생전에는 간행되지 못하다가 이인로가 죽은 지 3년째가 되는 1222년에 최추밀원사 병부상서(樞密院使兵部尙書) 최우(崔瑀)가 서경의 제학원(諸學院)에 보내어 목판으로 간행하게 하여 자신이 발문(拔文)을 썼는데, 이 초간본은 현재 전하지 않는다. 「청분실서목(淸芬室書目)」에 의하면 조선 초기에 문집이 개간되었으며, 조선초 간본으로 보이는 본이 현재 성암고서박물관(誠庵古書博物館)에 소장되어 있는데, 후쇄 또는 보각된 것으로 추정된다.

그 후 14대손 임재무(林再茂)가 고려시대에 간행된 고본 1부를 얻어 숙종 39년(1713) 홍양진영장(洪陽鎭營將)으로 나갔을 때 목판으로 개간하였다. 이 고본은 6권 1책으로 중 담인(淡印)이 구리 항아리에 넣어 약야계(若耶溪) 근처에 파묻은 것으로, 1656년 중 인담(印淡)이 청도(淸道)의 운문사(雲門寺) 근처에서 발견한 것을 이하구(李夏耉)가 소장하고 있다가 신유한(申維翰)을 통해 임재무에게 전해진 것이다. 임재무는 최석정(崔錫鼎) 등에게 교정, 선사를 부탁하고 내용과 자양은 그대로 하되 2책으로 나누었으며, 여기에 교정두주와 중간서 2편, 중간발 2편을 첨부하여 간행하였다.

그 책이 병란으로 유실된 줄 알았는데 고려 때 승려 담인(淡印)이 구리 항아리에 담아서 약야계(若耶溪) 옆에 묻어둔 지 수백 년이 지난 후인 숙종 39년(1713)에 청도 운문사 승려 인담(印淡)이 꿈을

예천임씨(醴泉林氏)

꾸고 담인의 소장본을 찾아냈다고 한다.

고종 때 후손 임덕곤(林德坤) 등이 목활자본으로 중간하였고, 1984년에는 후손 임영인(林永仁)의 지원 아래 진성규(秦星圭)가 역주판(譯註版)으로 『西河集』(一志社 발행)을 발간하였다.

공방전(孔方傳)

공방(孔方)의 자(字)는 관지(貫之)다. 공방이란 구멍이 모가 나게 뚫린 돈, 관지는 돈의 꿰미를 뜻한다. 그의 조상은 일찍이 수양산 속에 숨어 살면서 아직 한 번도 세상에 나와서 쓰여진 일이 없었다. 그는 처음 황제(黃帝) 시절에 조금 조정에 쓰였으나 워낙 성질이 굳세어 원래 세상일에는 그다지 세련되지 못했다. 어느 날 황제가 상공(相工)을 불러 그를 보았는데, 상공은 한참 들여다보고 나서 말한다. "이는 산야(山野)의 성질을 가져서 쓸 만한 것이 못 됩니다. 그러하오나 폐하께서 만일 만물을 조화하는 풀무나 망치를 써서 그 때를 긁어 빛이 나게 한다면, 그 본래의 바탕이 차차 드러나게 될 것입니다. 원래 왕자(王者)란 모든 사람으로 하여금 올바른 그릇이 되게 해야 하는 것입니다. 원컨대 폐하께서는 이 사람을 저 쓸모없는 완고한 구리쇠와 함께 내버리지 마시옵소서." 이리하여 공방은 차츰 그 이름이 세상에 나타나기 시작했다.

그 뒤에 일시 난리를 피하여 강가에 있는 숯 굽는 거리로 옮겨져서 거기에서 오래 살게 되었다. 그의 아버지 천(泉)은 주나라의 대재(大宰)로서 나라의 세금에 관한 일을 맡아 처리하고 있었다. 천(泉)이란 화천(貨泉)을 말한다.

공방은 생김새가 밖은 둥글고 구멍은 모나게 뚫렸다. 그는 때에 따라서 변통을 잘 한다. 한번은 한나라에 벼슬하여 홍려경이 되었다. 그 때 오왕(吳王)의 비(妃)가 교만하고 참람(僭濫)하여 나라의 권리를 혼자서 도맡아 부렸는데, 방은 여기에 붙어서 많은 이익을 보았다. 무제 때에는 온 천하의 경제가 말이 아니어서 나라 안의 창고가 온통 비어 있었다. 임금은 이를 보고 몹시 걱정했다.

그리하여 방을 불러 벼슬을 시키고 부민후(富民侯)로 삼아, 그의

예천임씨(醴泉林氏)

무리인 염철승(鹽鐵丞) 근(僅)과 함께 조정에 있게 했다. 이 때 근은 방을 보고 항상 형이라 하고 이름을 부르지 않았다.

방은 성질이 욕심이 많고 비루(卑陋)하고 염치가 없었다. 그런 사람이 이제 재물을 맡아서 처리하게 되었다. 그는 돈의 본전과 이자의 경중을 다는 법을 좋아하여, 나라를 편안하게 하는 것은 반드시 질그릇이나 쇠그릇을 만드는 생산 방법에만 있는 것이 아니라고 생각했다. 그는 백성으로 더불어 한 푼 한 리의 이익이라도 다투게 하고, 한편으로는 모든 물건의 값을 낮추어 곡식을 몹시 천한 존재로 만들고 딴 재물을 중하게 만들어서, 백성들이 자기들의 본업인 농업을 버리고 사농공상(士農工商)의 맨 끝인 장사에 종사하게 하여 농사짓는 것을 방해했다.

이것을 보고 간관(諫官)들이 상소를 하여 이것이 잘못이라고 간했으나 임금은 이 말을 듣지 않았다. 방은 또 권세 있고 귀한 사람을 몹시 재치 있게 잘 섬겼다. 그들의 집에 자주 드나들면서 자기도 권세를 부리고 한편으로는 그들을 등에 업고 벼슬을 팔아, 승진시키고 갈아치우는 것마저도 모두 방의 손에 매이게 되었다. 이렇게 되니, 한다 하는 공경(公卿)들까지도 모두들 절개를 굽혀 섬기게 되었다. 그는 창고에 곡식이 쌓이고 뇌물을 수없이 받아서 뇌물의 목록을 적은 문서와 증서가 산처럼 쌓여 그 수를 셀 수 없이 되었다.

그는 모든 사람을 상대하는 데 잘나거나 못난 것을 관계하지 않았다. 아무리 시정 속에 있는 사람이라도 재물만 많이 가졌다면 모두 함께 사귀어 상통하고, 때로는 거리를 돌아다니는 나쁜 소년들과도 어울려 바둑도 두고 투전도 하였다. 이렇게 남과 사귀는 것을 좋아하니, 이것을 보고 당시 사람들은 말했다.

"공방의 한 마디 말이 황금 백 근만 못하지 않다."

원제(元帝)가 왕위에 오르자, 공우(貢禹)가 글을 올려 말했다.

"공방이 어려운 직책을 오랫동안 맡아 보는 사이, 그는 농사가 국가의 근본임을 알지 못하고, 오직 장사꾼들의 이익만을 두호(斗護)해 주어서 나라를 좀먹고 백성을 해치니, 국가나 민간 할 것 없이 모두 곤궁에 빠지게 되었습니다. 그 위에 뇌물이 성행하고 청탁하는 일이

버젓이 행해지고 있습니다. 대체로 "짐을 지고 또 타게 되면 도둑이 온다(負且乘 致寇至)."한 것은 「주역」에 있는 분명한 경계입니다. 청컨대 그를 파면시켜서, 모든 욕심 많고 비루한 자들을 징계하시옵소서."

그 때 정권을 잡은 자 중에는 곡량(穀梁)의 학문을 쌓아 정계에 진출한 자가 있었다. 그는 군자(軍資)를 맡은 장군으로 변방을 막는 방책을 세우려 했다.

이에 방이 하는 일을 미워하는 자들이 그를 위해서 조언했다. 임금은 이들의 말을 들어서 마침내 방은 조정에서 쫓겨나는 몸이 되었다.

그러자 그는 자기 문인들에게 말했다.

"내가 전일에 폐하를 만나 뵙고, 나 혼자서 온 천하의 정치를 도맡아 보았다. 그리하여 장차 국가의 경제가 넉넉하고 백성들의 재물이 풍족하게 되게 하려고 애썼다. 그런데 이제 까닭 없는 죄로 내쫓기고 말았구나. 하지만 나가서 조정에 쓰이게 되거나 쫓겨나 버림을 받는 것이 내게 있어서는 아무것도 손해될 것이 없다. 다행히 나의 이 목숨이 조금이라도 남아 있어 아주 끊어지지 않고 이렇게 주머니 속에 감추어져 아무 말도 없이 용납되고 있다. 이제 나는 부평과 같은 행색으로 곧장 강회(江淮)에 있는 별장으로 돌아가련다. 약야계(若冶溪) 위에 낚싯대를 드리우고 고기를 낚아 술을 마시며, 때로는 바다 위의 장사꾼들과 함께 배를 타고 떠돌면서 남은 인생을 마치련다. 제 아무리 천 종의 녹이니 다섯 솥의 많은 음식인들 내 이찌 조금이나 부러워해서 이것과 바꾸겠느냐. 하지만 내 심술이 오래 되면 다시 발작할 것만 같다."

진(晋)나라에 화교(和嶠)란 사람이 있었는데, 공방의 풍도를 듣고 기뻐하여 사귀어 여러 만 냥의 재산을 모았다. 이로부터 화교는 공방을 몹시 좋아하는 버릇을 이루고 말았다. 이것을 본 노포(魯褒)는 논(論)을 지어 화교를 비난하고, 그릇된 풍속을 바로잡기에 애썼다.

화교의 무리 중에서 오직 완적(阮籍)만은 성품이 활달해서 속물을 좋아하지 않았다. 그런데도 방의 무리와 어울려 술집에 다니면서 취하도록 마시곤 했다. 그러나 왕이보(王夷甫)는 한 번도 입으로 방의 이름을 부르는 일이 없이 방을 가리켜 말하려면 그저 '그것'이라고

예천임씨(醴泉林氏)

했다. 맑은 의논을 하는 사람들에게 방은 이렇게 천대를 받았다.

뒤에 당(唐)나라 세상이 되어 유안(劉晏)이 재산을 관리하는 벼슬인 탁지판관(度支判官)이 되었다. 당시 국가의 재산이 넉넉지 못했으므로 그는 다시 임금께 아뢰어 방을 이용해서 국가의 재용(財用)을 여유 있게 하려고 했다. 그가 임금에게 아뢴 말은 식화지(食貨志)에 실려 있다.

그러나 그 때 방은 죽은 지 이미 오래였다. 다만 그의 제자들이 사방에 흩어져 살고 있었으므로 이들을 국가에서 불러서 방 대신으로 쓰게 되었다. 이리하여 방의 술책이 개원(開元), 천보(天寶) 사이에 크게 쓰여졌고, 심지어는 국가에서 조서를 내려 방에게 조의대부 소부승(朝議大夫少府丞)을 추증하기까지 했다.

남송 신종조(神宗朝) 때에는 왕안석(王安石)이 정사를 맡아 다스렸다. 이때 여혜경(呂惠卿)도 불러서 함께 일을 돕게 했다. 이들이 청묘법(靑苗法)을 처음 썼는데, 이 때 온 천하가 시끄러워 아주 못 살게 되었다. 소식(蘇軾)이 이것을 보고 그 폐단을 혹독하게 비난하여 그들을 모조리 배척하려 했다. 그러나 소식도 도리어 그들의 모함에 빠져서 쫓겨나 자신이 귀양을 가게 되었다. 이로부터 조정의 모든 선비들은 그들을 감히 비난하지 못하였다.

사마광이 정승으로 들어가자 그 법을 폐지하자고 아뢰고, 소식을 천거하여 높은 자리에 썼다. 이로부터 방(方)의 무리는 차츰 세력이 꺾이어 다시 강성하지 못했다.(생략 부분의 줄거리 : 남송 때에 소식에 의하여 돈은 다시 배척되었고, 방의 아들 윤은 경박하여 세상의 욕을 먹었고, 뒤에 수형령(水衡令)이 되었으나 장물죄가 드러나 사형되었다고 한다.)

사신(史臣)은 말한다.

남의 신하가 된 몸으로서 두 마음을 품고 큰 이익만을 좇는 자를 어찌 충성된 사람이라고 하랴. 방이 올바른 법과 좋은 주인을 만나서 자기를 알아주어서 나라의 은혜를 적지 않게 입었었다. 그러면 의당 국가를 위하여 이익을 일으켜 주고 해를 덜어 주어서 임금의 은혜로운 대우에 보답했어야 했다. 그런데도 도리어 비를 도와서 나라의 권세를

예천임씨(醴泉林氏)

한 몸에 독차지하고 심지어 사사로이 당을 만들기까지 했으니, 이것은 충신이 경계 밖의 사귐이 없어야 한다는 말에 어긋나는 것이다.

방이 죽자 그 남은 무리들은 다시 남송에 쓰여졌다. 집정한 권신(權臣)들에게 붙어서 그들은 도리어 정당한 사람을 모함하였었다. 비록 길고 짧은 이치는 저 명명(冥冥)한 가운데 있는 것이지만, 만일 원제(元帝)가 일찍부터 공우(貢禹)가 한 말을 받아들여서 이들을 일조에 모두 없애 버렸던들 이 같은 후환은 없었을 것이다. 그런데 단지 이들을 억제하기만 해서 마침내 후세에 폐단을 남기고 말았다. 그러나 대체 실행보다 말이 앞서는 자는 언제나 미덥지 못한 것을 걱정하지 않을 수가 없다.

임충세(林忠世)

임춘(林椿)의 아들이며 진사로 등과하여 이부상서(吏部尙書)에 추증되었고, 예천읍 성저리에 세거하였다.

임 익(林 益)

초명(初名)은 연(沇)이고, 진사(進士) 임충세(林忠世)의 아들로 태어났다. 고려조에 생원시(生員試)에 진사로 등과하여 여러 관직을 거쳐 육도순무어사(六道巡撫御使)에 올라 선정(善政)을 베푼 공으로 보국안민공훈(輔國安民功勳)으로 예천군(醴泉君)에 봉하였다.

임 봉(林 鳳)

임익(林益)의 아들로 태어나 삼대진사(三代進士)로 등과하고 증직대부 사선부정 판윤(司膳副正判尹) 등을 지냈고, 서읍내(西邑內) 성저리에 살았다.

임천봉(林天鳳)

고려조에 진사(進士)가 되고, 증직대부(中直大夫)에 올라 사선부정(司膳

副正), 판윤(判尹)을 역임하였다.

임천우(林天佑)

고려조에 문과(文科)에 급제하여 국자감(國子監) 대사성(大司成)을 지냈다.

임유정(林惟正)

고려 명종 때 문과에 급제하여 벼슬이 국자좨주(國子祭酒 ; 고려 國立大學인 國子監의 종3품)에 이르렀으나 일찍 죽었다.

생몰 연대에 관한 기록은 찾을 수 없으나 오세재(吳世才 ; 임춘의 친구로 강좌칠현에 속함)의 사위인 학사 이지심(李知深)과 시를 지어 화답한 것이 있음을 볼 때 이지심과 비슷한 연대(1170~1200년경에 활동)의 사람임이 분명하다.

그는 총명하기가 남보다 뛰어나서 집구(集句 ; 옛 사람의 글귀를 모아서 새로운 시를 만드는 것)에 능숙하였고, 뜻대로 싯구(詩句)를 토해내서 즉석에서 여러 운을 맞추었다. 최우(崔瑀)가 그 유편을 찾아내서 제목을 『백가의집(百家衣集)』이라고 하였으며, 또 『극기집(克己集)』도 발행했다. 『낙옹비설』에 다음과 같은 기록이 있다.

  강일용(康日用)과 임유정(林惟正)은 다 같이 여러 백가의의 시체(詩體)에 능하였다. 강의 시(詩)는 보이지 않으나 임의 시집(詩集)은 간행되어 있다. 따라서 기러기와 닭을 비교하는 꿀의 조롱을 면할 수 없는 것이다. 근세에 최집균(崔集均)이 그 시구를 모은 것이, 비록 장편이고 힘든 운인데도 붓을 달려 당장에 쓰니 보는 사람이 놀라 넘어질 지경이었다. 대우가 매우 적절하여 가령 스스로 지었다 하더라도 반드시 이보다 더 잘 짓지는 못할 것이다. (東史綱目 제11장)

그가 지은(集句한) 시(詩)가 『동문선(東文選)』에 여러 편 게재되어 있으므로 몇 편을 실어보겠다.

예천임씨(醴泉林氏)

개골산 장연사에 집구로 쓰다 (願皆骨山長淵寺(集句))

가며가며 승경 찾으니 절로 속된 마음 잊어지네. (行行尋勝自忘機(王觀))
좋을 손 산에 오르고 물에 임할 때 (好是登山臨水時(樂天))
어지런 폭포, 날으는 샘은 쾅쾅 울고 (亂瀑飛泉鳴淅瀝(齊己))
둘러선 봉우리, 겹친 산은 울룩불룩 울창하네. (回峯疊嶂鬱參差(子瞻))
아지랑이는 아름아름 갠 날에 돌 젖어 있고, (嵐光艶蘙晴猶潤(張泉))
산빛은 뿌유스름하니 비올 때에 더욱 기이하네. (山色空濛雨亦奇(子瞻))
이때 이 경치를 누가 흥겨워하나 (此景此時誰得意(智覺))
홍련사 주인 스님인 벽운 그 분이로세. (紅蓮社主碧雲師(錢起))

덕령역에서 여러 사신의 유제에 화답하여 (和德嶺驛諸使臣留題)

봄들어 타향에서 고향을 생각하니 (春到他鄕憶故鄕(王建))
가는 곳마다 이별의 회포가 구슬프구나. (離懷處處動悲凉(微之))
북산에 구름 일자 남산엔 비, (北山雲起南山雨(劉紋))
남녘 집에 꽃 피면 북쪽 집에도 향기. (南舍花開北舍香(獎生))
사람 없는 공관에 봄은 적적한데, (公館無人春寂寂(可正平))
눈에 가득 들밭에는 풀이 망망하구나. (野田極目草茫茫(胡曾))
나라 은혜 갚기 전에 몸이 먼저 늙으니 (國恩未報身先老(永叔))
홍진의 백수랑, 내 서글픈 마음 (惆悵紅塵白首郞(子瞻))

삼월 하순에 들 정자에서 봄을 관상하며 (三月下旬郊亭賞春)

꽃다운 경개 찾아 옛 대에 올라오니 (春客尋芳上古臺(聖兪))
봄바람에 멋대로 온갖 꽃이 피었구나. (春風任放百花開(永叔))
한 가지도 안 떨어져 천 가지가 피었고 (一枝未謝千枝發(楊蟠))
삼월도 거의 늦어 사월 금시 다가오네. (三月將闌四月催(錢起))
산 모양은 비 갠 뒤에 구경함이 좋을씨고 (山色好當晴後見(鄭谷))
물소리는 취중에 꼭 따라오거니. (溪聲偏傍醉中來(趙德麟))
어여뻘손 물상들 모두 즐길 만하니 (可憐物像還堪賞(寅遜))
왕자유 배우지 마소, 흥이 다해 돌아오리. (莫學微之興盡廻(朱服))

예천임씨(醴泉林氏)

선덕진 객사에서 이지심 학사 유제에 화답함 (和宣德鎭客舍李學士知深留題)

지는 해, 흐르는 물이 동서로 오가건만 (日落水流西復東(杜牧))
얕고 깊은 산빛은 예나 이제나 같을러라. (淺深山色古今同(孫何))
십 년 지난 일은 나는 새와도 같은데 (十年往事如飛鳥(山谷))
만 리 맑은 강은 푸른 하늘을 비추누나. (萬里淸江照碧空(孫何))
술파는 집은 꽃 그림자에 감추어 있고 (沽酒店藏花影裏(郭震))
다락을 의지한 사람은 달 밝은 속에 있네. (倚樓人在月明中(趙古假))
시구를 읊어 좋은 경치 갚으려 하나 (欲將累句酬嘉景(舜鈊))
황당한 나의 글 뜻이 서투르니 부끄러워라. (但愧論酬意未工(王逢原))

『동문선(東文選)』에 다음과 같은 많은 고율시가 수록되어 있는데, 칠언율시(七言律詩)로 '고산역에서 이학사의 유제에 화답하여(和孤山驛李學士留題)', '임반역에서 오사신의 운에 화답하여(和林畔驛吳使臣韻)', '남산역루에서 유제에 화답하여(和藍山驛樓留題)', '고산객사에서 한학사의 유제에 화답하여(和高州客舍韓學士留題)', '요덕진 주화정에서 도통들의 유제에 화답하여(和耀德鎭住華亭諸都統留題)', '서촌장에 쓰다(題西村場)', '서해선원에 쓰다(題西海禪院)', '세조원당 망해대에 올라서(登世祖願堂望海臺)', '늦봄에 심사를 써서 이주부에게 보이며(暮春書事示李注簿)', '가을날에 지음(秋日有作)', '죽정에서 벗과 마시며(竹亭與友人飮)', '요적에 부임차 접촉한 일에 느낌이 있어서(赴任耀德次觸事有感)', '고성 삼일포에 쓰다(題高城三日浦)', '동주객사에서 유제에 화답하여(和東州客舍留題)', '장주 객사에서 장상국의 유제에 화답하여(和長州客舍王相國度留題)' 등이 있다.

그리고 칠언배율(七言排律)로서 다음의 시(詩)가 기록되어 있다.

성루에서 흥을 느껴 (城樓感興)

변성 성 위 다락에 올라서 (獨上邊城城上樓(魏野))
저녁 노을 성긴 비에 시름을 못 가누네. (晩煙疎雨不勝愁(李成季))
청산이 나와 함께 늘 짝이 되어주고 (靑山與我長爲伴(鄭棨))
백발은 무정하여 벌써 머리에 가득하다. (白髮無情已滿頭(羅鄴))

예천임씨(醴泉林氏)

  비파와 술잔으로 담소를 도우니 (便取瑟觴供笑語(葉不器))
  수레와 말을 잠깐 멈추어 주소. (莫辭車馬暫遲留(楊蟠))
  중류 달빛에 누대 그림자 흔들리는데 (樓臺影動中流月(李櫟))
  한밤 가을 소리는 귀뚜라미 울음일세. (蟋蟀聲生半夜秋(羅隱))
  술을 사니 도령 혼자 취하고 (沽酒獨敎陶令醉(子瞻))
  시를 쓰니 사혜련의 놀이를 허하겠지. (題詩應許惠連遊(楊蟠))
  한가히 시냇돌 새겨 바둑판을 만들고 (閑鐫溪右爲棋局(子西))
  웃으며 꽃가지를 꺾어 술잔을 놓네. (哄折花枝作酒籌(樂天))
  만사가 천명인 줄 일찍 알았거니 (萬事早知皆有命(公濟))
  구태여 인간만사를 꾀 내어 무엇하리. (人生萬事不須謨(耒儿公))

 또한 칠언절구로서 『동문선』에 '영귀산사 동일사계화(詠龜山寺冬日四季花)', '서정(敍情)', '신급제행(新及第行)', '죽(竹)', '송(松)', '삼월회일문앵유감(三月晦日聞鶯有感)', '동림사상방취후희제(東林寺上房醉後戱題)' 및 '자경영전출보흥위위야직유감(自景靈前出補興威衛夜直有感)' 등이 수록되어 있다.
 조문발(趙文拔)은 『백가의집(百家衣集)』 서(序)에서 임유정의 글에 관하여 다음과 같이 말하였다.

 (전략) 때마침 상국 청하(淸河) 최우(崔瑀) 공은 착한 일을 좋아하는 분으로서 분산되다 남은 임유정의 유편을 얻은 것이 무릇 몇 편인데, 읊조리기를 마치 단술을 맛보고 자주 부어 마시는 것같이 하며, 정음(正音)을 듣다가 곡조를 마치지 못하여 마음에 섭섭하였던 모양이다. 전에 나를 불러 말하기를 "이 글월은 금옥과 같으니 반드시 간직했다가 후세에 보배가 되도록 마땅히 서술하여, 그 정화(精華)로 하여금 흙 속에 묻히게 하지 말라"하며 그 부탁이 매우 간곡하였다. 내가 어찌 무사(武辭)가 천박하여 스스로 감당하지 못함을 핑계 삼아 사양할 수 있으랴. 드디어 명을 받고 두세 번 열람하여 글귀가 거듭 나오는 것을 삭제하기로 하였는데, 공(公)은 말하기를 "백낙천(白

樂天)은 시호(詩豪)이지만 그 시집을 보면, '한용(閑慵)이 둘 다 남음이 있다'라는 글귀가 두 군데 나타나니, 옛날의 편찬은 비록 이와 같이 거듭 나와도 원뜻을 해하는 것으로 보지 않았다"하므로 이에 아울러 수록하여 3권으로 나누어 만들었다. 그리고 황산곡의 말을 인용하여 제목을 『백가의집(百家衣集)』이라 하여 오래 전하도록 했다. (東文選 제84권 序)

임유정은 나주 법륜사(法輪寺)에서 다음과 같은 시(詩)를 읊었다.

금수가 동으로 흘러 금성을 둘렀으니 (錦水東流遶錦城)
매양 중추를 만나면 배나 더 맑구나. (每逢秋半倍澄淸)
세사를 따라 시대마다 변함이 없으니 (不隨世事因時變)
옛날이나 지금이나 철철 흐르는 한결같은 소리로다. (古今㶁㶁一鍾聲)

임유정의 집구 중에는 오언율시(五言律詩)도 많은데 '견덕성즉사(見德城卽事)', '궁중사경집구(宮中四景集句)', '영설(詠雪)', '용진진통명루즉사(龍津鎭通溟樓卽事)', '추야입직도성우제벽상(秋夜入直都省偶題壁上)', '한중우서(閑中偶書)', '화낭천현객사유제(和狼川縣客舍留題)', '화동문공녹사(和董文功綠事)'가 『동문선(東文選)』에 수록되어 있다.

임원길 (林元吉)

고려조에 문과(文科)에 급제하여 한림원 학사(翰林院學士)를 역임하였다.

임순련 (林舜連)

고려조에 문과(文科)에 급제하여 여러 관직을 거쳐 봉익대부(奉翊大夫)에 올라 우문관 대제학(右文館大提學)을 역임하였다.

임지한(林支漢)

고종 11년(1224)에 임원길(林元吉)의 아들로 태어나 고려조에 무과에 합격하여 벼슬이 대광(大匡)에 이르렀다. 경주의 반적을 토벌한 공이 있어 임금이 상으로 벼슬을 내리고, 상주(尙州管) 관내 다인현(多仁縣)을 예천군에 편입하도록 하였다.

임지한은 이마가 넓고 입이 크고 수염이 아름답고 키가 8척이나 되는데, 남달리 용감하고 담력이 컸다.

고려 원종(1260-1274) 때에 예천군의 관리로서 사무를 보는 틈에도 늘 병법책을 읽었으며 항상 일찍 출근하였다. 또한 호랑이를 길들여 타고 다녔다.

집이 본부에서 5리쯤 되었는데 아침이면 반드시 먼저 나와 앉아 뒤에 온 사람들을 꾸짖었으며, 부하들은 열복하여 감히 태만히 하는 자가 없었다.

마침 경주에서 반란을 일으킨 최종(崔宗), 최적(崔積), 최사(崔思)의 무리가 청송 주왕산에 만여 명의 병력을 모아놓고 이웃 고을 수령을 죽이고 곡식을 약탈하고 서울로 쳐들어가려 하니, 조정에서는 큰 걱정이 되었다.

이때 임지한이 조정에 천거되어 정동대장군(征東大將軍)에 임명되었다.

그는 행군하면서 여러 사람 앞에서 맹서하기를, "조그만 도둑이 나라의 큰 걱정이 되고 있으니, 내 마땅히 그들을 쳐서 나라를 편하게 하겠다.

병법의 가장 상책은 싸우지 않고 이기는 것이다."라고 하고 군사를 이끌어 적진 수십 리 밖에 머물면서 여러 장교와 의논하기를, "내 곧 적중으로 갈 터이니, 너희는 안동에서 기다려라" 하고 홀로 적진에 뛰어 들었다. 임지한은 도망한 장군처럼 적들을 속이고 적들의 부장(副將)이 되었다. 적들은 집을 떠난 지 여러 해가 되어 굶주려 있었는데, 임지한이 이르기를, "내가 안동에 나가서 먹을 양식을 구해 놓을

테니, 보름 후에 안동으로 집결하라." 라고 하면서 홀로 안동으로 돌아와서 누룩과 대마초 씨로 술을 빚고 음식을 푸짐히 마련하였다. 약속된 날에 적들이 안동에 도착하여 술에 취하여 쓰러지자 만여 명의 적들을 모두 생포하였다.

임지한이 개선하니, 원종 임금이 삼중대광 벽상공신으로 삼고 벼슬을 주려고 하였지만 그는 이를 사양하고 대신 상주(尙州) 관내의 다인현(多仁縣)을 예천군(醴泉郡)에 소속시켜 줄 것을 청하여 원종이 이를 허락하였다. 예천읍 노상리의 의충사(毅忠祠)에 제향되고, 영조 32년(1756)에 권중춘(權重春)이 『임장군전(林將軍傳)』을 지었다.

임윤덕 (林允德)

고려조 공민왕 때 정순대부(正順大夫)에 올라 판전객시사(判典客侍事)를 지내고 예천 임씨의 뿌리를 견고하게 하였는데, 조선이 개국하자 벼슬길에 나아가지 않고 부여에 은거하여 충절을 지켰다. 조선 태종 때 정헌대부(正憲大夫)에 추증되었다.

임 즐 (林 騭)

자(字)는 상협(相協), 호(號)는 성은(城隱)이고, 고려 의종 때 문인인 임춘(林椿)의 현손이다.

고려말에 진사(進士)에 합격한 후에 6개 현(縣)의 수령을 지내고 감찰로 근무했는데, 특히 고령현의 현감(縣監)으로 재직시에는 직무에 소홀함이 없었다 하여 명환으로 추앙받았다.

영천군사(榮川郡事)로 재직하던 중 고려가 멸망하자, 태조 원년(1392)에 벼슬을 버리고 두문동으로 들어가 전원생활을 하였다. 이때 조의생(曹義生), 임선미(林先味) 등과 더불어 고려왕조만을 생각하며 72명과 함께 은거하였는데, 이들은 조선 조정에서 여러 번 불렀으나 응하지 않았다.

지극한 효자로도 이름이 났는데, 태종 8년(1408)에 아버지가 돌아가시자 3년간 여묘하였고 일찍이 이를 드러내고 웃는 일이 없었다. 그 일이 조정에 알려져 태종 때 예천 성저리(醴泉城底里)에 효자각을 세워 정려하였다. 이후 성종 8년(1477) 후손이 비각을 수리하였고, 뒤에 김기응(1802~1805) 군수가 또 수리하였다. 그리고 철종 7년(1856)에는 김재홍 군수가 이 비각을 서본리에서 예천읍 백전2리 삼거리로 옮겼다. 후에 통정대부 공조참의(通政大夫工曹參議)를 추증하였다.

임계중(林繼中)

감찰 임즐(林騭)의 아들이다.

문종 즉위년(1450) 7월 충주판관(忠州判官)에 임명받고 하직을 하니, 임금이 인견하고 임지에서의 유의사항 등을 직접 당부하였다.

그후 함안군사(咸安郡事)에 임명되었고, 봉의랑(奉議郞)과 봉직랑(奉直郞)을 거쳐 조봉대부(朝奉大夫)로 가자(加資)되었다. 세조 3년(1457) 2월에 그가 정난공신(靖難功臣) 임자번(林自蕃)의 아버지라는 이유로 조산대부(朝散大夫)로 가자(加資)하려 하다가, 이는 지나친 감이 있다고 이조(吏曹)에서 아뢰어 그만두었다. 그후 행군사(行郡事)로 집무하던 중 그해(1457) 8월에 원종공신(原從功臣) 3등에 녹훈되었다.

그러나 다음해(1458) 행사직(行司直) 최담지(崔湛之)가 옥산(玉山)을 무고(誣告)했을 때, 임계중은 행군사로서 이를 잘못 처리하였다 하여 고신(告身)이 거두어졌다. 후에 공조참판(工曹參判 ; 종2품)에 추증되고 예천군(醴泉君)에 봉작되었다.

임 회(林 薈)

임연(林淵)의 아들이다. 태종 11년(1411) 과거에 병과로 급제했으나 처음에는 고신(告身)을 받지 못하고 이듬해(1412) 7월에 고신을 받는 등 벼슬살이가 순탄치 못했으나 후에 지평(持平)에 이르렀다. 품성이 순후(純厚)하고 청백(淸白)하며 경사(經史)에 통달하였다.

예천임씨(醴泉林氏)

임응벽(林應璧)

고려조에 문과(文科)에 급제하여 여러 관직을 거쳐 대사성(大司成)을 지냈다.

임하손(林賀孫)

고려조에 선무랑(宣務郞)으로 북부령(北部令)을 지냈다.

임 영(林 瀯)

조선조에 해전고 주부(解典庫主簿)를 지냈다.

임 수(林 秀)

조선 태종조에 칠원현감(漆原縣監)을 지내고, 이어 김해진관 병마절도위(金海鎭管兵馬節度尉)를 역임하였다.

임자번(林自蕃)

초명은 예기(藝起)이며, 참의(參議) 임즐(林鷙)의 손자이자 임계중(林繼仲)의 맏아들이다.

세종 때에 무과(武科)에 급제하여 1453년(단종 1) 이징옥과 이용의 난을 평정하는데 공을 세웠고, 계유정난(癸酉靖難, 1453) 때의 훈공(勳功)으로 추충위사협찬 정난공신(推忠衛社協贊靖難功臣) 3등에 책록되어 내구마 1필, 은 14량, 채단 1벌과 노비 6구(口)를 하사받았다. 그뒤 사직(司直), 선략장군(宣略將軍) 수중군호군(守中軍護軍) 및 대호군(大護軍)을 거쳐 세조 3년(1457) 4월에는 상호군(上護軍)에 임명되었다. 형조판서 겸 도총부 부총관(刑曹判書兼都總府副摠官), 평안도와 경상도 절도사(平安道慶尙道節度使), 황해도병마절도사(黃海道兵馬節度使), 경상도·전라도 겸 도관찰사(慶尙道全羅道兼都觀察使)를 역임한 뒤 광국공신(光國功臣), 평난공신(平亂功臣),

형조판서(刑曹判書)에 올랐고, 양양군(襄陽君)에 책봉(冊封)되었다. 시호(諡號)는 양평(襄平)이다.

임승조(林承祖)

조선조에 무과(武科)에 급제하여 훈련원 참군(訓練院參軍)을 역임하였다.

임자무(林自茂)

조선조에 무과(武科)에 급제하여 용양위 부사직(龍驤衛部司直)을 역임하였다.

임효종(林孝宗)

세종조에 무과(武科)에 급제하고 원종공신(原從功臣)에 책록되었다.

임 개(林 愷)

자는 백희(伯喜)이며 중종 20년(1525)에 임한번(林漢蕃)의 아들로 태어났다. 선조 3년(1570) 식년시에 을과로 생원이 되고, 선조 12년(1579) 식년시에 문과 급제하고, 선교랑(宣敎郎)을 지냈다. 임항(林恒), 임번(林蕃)의 아우이다.

임국정(林國楨)

조선조에 충순위(忠順衛)의 어모장군(禦侮將軍)을 지냈다.

임국양(林國樣)

조선조에 충순위(忠順衛)의 창신교위(彰信校尉)에 올랐다.

임국철(林國哲)

자(字)는 호계(護溪), 호(號)는 금안(錦岸)이며, 단종조에 승문원 교리(承文院校理)를 지냈다.

임화영(林華瑩)

초명(初名)은 응정(應禎)이며, 세종조에 문과(文科)에 급제하여 지평(持平)을 역임하였다.

임도지(林到之)

조선조에 남부 교수(南部敎授)를 지냈다.

임숭지(林崇智)

사정(司正) 임효성(林孝誠)의 아들이며, 명천훈도(明川訓導) 승사랑(承仕郞)을 지내고, 성종 14년(1483) 식년시(式年試)에 병과로 진사(進士)에 올랐다.

임무장(林茂長)

자(字)는 흥서(興瑞)이며, 중종조에 한성판윤(漢城判尹)을 지냈다.

임응정(林應禎)

면천(沔川) 출신으로 자(字)는 언흥(彦興)이며, 임침(林琛)의 아들로 중종 20년(1525)에 태어났다.
선조 1년(1568) 증광시(增廣試)에 병과로 진사가 되었으며, 임응상(林應祥), 임응우(林應佑)의 형이다.

예천임씨(醴泉林氏)

임응상(林應祥)

서울 출신으로 자(字)는 언길(彦吉)이며, 임침(林琛)의 아들이다. 명종 4년(1549) 식년시(式年試)에 병과로 생원이 되었으며, 명종 17년(1562) 별시로 문과 급제하였다.

임덕수(林德秀)

자(字)는 수옹(秀翁)으로 조선조에 문과(文科)에 급제하여 혜산첨사(惠山僉使)를 지냈다.

임계종(林繼宗)

양양군(襄陽君) 임자번(林自蕃)의 아들이다.
사헌부 내관으로 임명되었을 때, 명종 8년(1553)에 자전(慈殿 ; 임금의 어머니)의 뜻을 받들어 경상도에 가서 월영사(月影寺)에 불 놓을 곳을 살피다가 품관(品官) 이광준(李光俊)의 선조 묘에 불이 붙어 태웠다. 이 때문에 다툼이 생겨 헌부(憲府)에서 심문했는데 잘잘못을 가리지 못하여 형조에서 다시 조사할 것을 건의했다. 그러나 경상도 관찰사의 계본에 "임계종이 내지(內旨)를 사칭하였다"라고 하였는데 내지를 받든 것이었으므로 잘못 안 것이라 하여 별판에 부쳤다.

임계욱(林啓旭)

부여(扶餘) 출신으로 자(字)는 경명(景明)이며, 광해 2년(1610)에 성균생원(成均生員) 임일(林逸)의 아들로 태어났다. 인조 26년(1648) 식년시(式年試)에 병과로 생원이 되었으며, 임계효(林啓曉), 임계창(林啓昶)의 형이다.

임모동(林慕東)

자(字)는 유지(有志)이며, 조선조에 용궁현감(龍宮縣監)을 지냈다.

예천임씨(醴泉林氏)

임 일(林 逸)

부여(扶餘) 출신으로 자(字)는 사징(士徵)이며, 내섬시 봉사(內贍寺奉事)를 지낸 승사랑(承仕郞) 임기문(林起門)의 아들로 선조 12년(1579)에 태어났다. 광해 2년(1610) 식년시(式年試)에 병과로 생원이 되었으며, 임술(林述), 임적(林迪), 임괄(林适), 임건(林建)의 형이다.

임경련(林敬連)

자(字)는 희정(熙正)이며, 조선조에 훈련원 첨정(訓鍊院僉正)을 역임하였다.

임재유(林載濡)

덕산(德山) 출신으로 자(字)는 계함(季涵)이며, 숙종 22년(1696)에 태어났으며, 아버지는 통덕랑(通德郞) 임태제(林泰齊)이다. 영조 9년(1733) 식년시(式年試)에 병과로 진사(進士)에 올랐으며, 임재춘(林載春), 임재양(林載陽), 임재욱(林載郁)의 세 형을 두었다.

임재갑(林在甲)

부여(扶餘) 출신으로 자(字)는 군습(君習)이며, 임욱(林煜)의 아들로 정조 18년(1794)에 태어나 임섭(林燮)에게 출계하였다. 철종 3년(1852) 식년시(式年試)에 병과로 생원에 올랐다.

임재화(林在華)

부여(扶餘) 출신으로 자(字)는 중실(仲實)이며, 임욱(林煜)의 아들로 순조 8년(1808)에 태어났다. 헌종 12년(1846) 식년시(式年試)에 병과로 생원에 올랐으며, 임재신(林在新), 임재형(林在衡), 임재린(林在麟)의 아우이며, 임재업(林在業)의 형이다.

예천임씨(醴泉林氏)

임 욱 (林 郁)

조선조에 절충장군(折衝將軍)으로 첨지중추부사(僉知中樞府事)를 역임하였다.

임운기 (林雲起)

자(字)는 여성(汝成)이며, 조선조에 무과(武科)에 급제하여 어모장군(禦侮將軍)으로 용양위 부사과(龍驤衛部司果)를 역임하였다.

임덕상 (林德祥)

자(字)는 성서(聖瑞)이고, 조선조에 주부(主簿)를 거쳐 선전관(宣傳官)을 역임하였다.

임덕온 (林德溫)

자(字)는 양백(良伯)이며, 조선조에 충좌위 부사과(副司果)를 역임하였다.

임기정 (林起亭)

조선조에 장례원 판결사(掌隸院判決事)를 지냈다.

임계정 (林繼貞)

조선 인종조에 성균관 진사(成均館進士)를 지냈다.

임문근 (林文根)

자(字)는 운식(云植), 호(號)는 학암(鶴菴)이며, 선조조에 가선대부(嘉善大夫) 이조참판(吏曹參判)을 지냈다.

예천임씨(醴泉林氏)

임 긍(林 兢)

자(字)는 사원(士元)이며, 조선조에 가선대부에 오르고 동지중추부사(同知中樞府事)를 지냈다.

임정남(林挺楠)

자(字)는 대로(大老)이며, 찰방(察訪) 임긍(林兢)의 아들로 벼슬은 선무랑 제용감 봉사(宣務郞濟用監奉事)였다. 목재(木齋) 홍여하(洪汝河)의 문하에서 수업할 때에 의지가 고결하고 행실이 올바르므로 목재(木齋) 홍여하(洪汝河) 이 그를 관동고사(關東高士)라 하였다.

임정기(林挺淇)

자(字)는 자금(子琴)이며, 조선조에 용양위 부호군(龍驤衛部護軍)을 거쳐 절충장군(折衝將軍)에 이르렀다.

임노축(林老軸)

조선조에 가선대부(嘉善大夫)에 올랐다.

임정화(林廷和)

자(字)는 의보(義甫)이며, 조선조에 장사랑(將仕郞)에 이르렀다.

임기영(林基榮)

함창(咸昌) 출신으로 자(字)는 인여(仁汝)이고, 순조 14년(1814)에 태어났으며 아버지는 임서봉(林棲鳳)이다. 헌종 15년(1849) 식년시(式年試)에 을과로 생원이 되었으며, 임대영(林大榮), 임지영(林之榮)의 형이다.

예천임씨(醴泉林氏)

임홍진(林弘鎭)

부여(扶餘) 출신으로 자(字)는 사의(士毅)이며, 성균생원 임재갑(林在甲)의 아들로 순조 21년(1821)에 태어났다. 철종 12년(1861) 식년시(式年試)에 을과로 생원이 되었으며, 임의진(林毅鎭)의 형이다.

임고학(林皐鶴)

임사진(林思震)의 아들로 1860년 1월 27일 출생하였다. 자(字)는 탁여(卓汝), 호(號)는 운초(雲樵)이며, 1893년 문과에 급제하여 송나찰방(松羅察訪)을 지냈으며, 1940년 졸하였다.

임 관(林 瓘)

첨정(僉正) 임수영(林守榮)의 손자(孫子)이며, 가선대부(嘉善大夫) 동지중추부사(同知中樞府事)를 받았다.

임극신(林克新)

호(號)는 보간(保間)이며, 찰방(察訪) 긍(兢)의 손(孫)이다. 천품이 순수하고 침착하며 성리학(性理學)을 연구하였다.

임만휘(林萬彙)

정조 7년(1783)에 태어나 순조 34년(1834)에 졸하였고, 자(字)는 여일(茹一)이며 호(號)는 만문(晚聞)이다. 안동(安東) 입향시조(入鄕始祖)인 임억숙(林億淑)의 7대손(代孫)이다.

수정재(壽靜齋) 류정문(柳鼎文)의 문인(門人)으로 학업에 힘써 지결(旨訣)을 터득함에 선생(先生)도 칭허(稱許)하였다. 임만휘는 재기(才氣)가 뛰어나 문장에 능해 명성이 높았는데, 장성하여 유정문(柳鼎文)과 김회운(金會運)에게 주자서(朱子書), 퇴계집(退溪集)과 심경, 근사록을 강질(講質)하였고, 약관에 금강산을 등척(登陟)하고 이태순(李泰淳)을 따라 관북(關北)에 갔으며 이언순(李彦淳)을 따라 호중(湖中)에 놀았다. 만약 명리(名利)에 뜻이 있었다면 현직(顯職)에도 오를 수 있었으나 향리에 돌아와서 촌옹 야로(村翁 野老)와 농상(農桑)을 얘기하며 갈암(葛庵) 이현일(李玄逸) 선생을 위해 단(壇)을 모아 존봉(尊奉)하고 서당을 세워 후진을 교육하였다. 필법이 창건하고 의술에도 능하였다. 문집(文集)으로『만문유고(晚聞遺稿)』가 있다.

『만문유고(晚聞遺稿)』

임만휘의 이 문집은 아들 임응성(林應聲)이 편집하였고 1902년 증손 임병두(林秉斗)가 간행하였다. 문집에 실려 있는 시(詩)는 모두 질박하고 담백한데, 시(詩)가 문(文)보다 많고 다양하다. 시에 있어서는 차운시와 만시 외에 서정시, 그리고 독후시(讀後詩)가 있다. 문장은 총 15편으로 추사(楸舍)와 신당(神堂)의 기문(記文)인「지동추사기(枝洞楸舍記)」와「신당중수기(神堂重修記)」, 그리고 섭생(攝生)에 대한 비법을 기록하고 붙인「서섭생결후(書攝生訣後)」외에는 모두 사우(師友)에게 보낸 서(書)와 제문이다.

또한 이 안에 차전에 관한 시가 전해져 18~19세기의 풍속을 엿볼 수 있게 한다.

벼락치듯 빠른 놀림 이길 틈을 엿보며
엎치락뒤치락 좋은 날 좋은 시비.
나갈 때나 물러설 때 하해의 파도인 듯,
솟구쳐 오를 때는 새매가 나르는 듯.
한바탕 버마재비 짓에 바람 끝이 뒤따르고
겹겹의 사람 숲엔 달빛이 비추네.
서북편이 이겼는가 개선소리 놀랍구나,
골골의 장정들이 춤을 추며 돌아가네.

예천임씨(醴泉林氏)

임명영 (林命英)

임긍(林兢)의 후손이며, 수직(壽職)으로 가선대부 공조참판(嘉善大夫工曹參判)에 제수되었다.

임봉휘 (林鳳輝)

찰방(察訪) 임긍(林兢)의 후예로 일찍이 문예로 학문에 능하여 과거(科擧)에 뜻을 버리지 않고 응시하였는데 시험지에 쓰는 글씨가 힘차고 문장이 주옥과 같았다고 전한다.

임응성 (林應聲)

자(字)는 종휴(鍾休). 호(號)는 국은(菊隱)이며, 임만휘(林萬彙)의 아들로 순조 6년(1806)에 태어나서 고종 3년(1866)에 별세하였다. 유치명(柳致明)의 문인으로 옥형도(玉衡図)를 벽에 걸고 일용운행의 묘리와 길흉소장의 이치를 연구하였으며, 영리에 초연하고 시문에도 뛰어났다.

임 선 (林 璿)

가의(嘉義) 임재무(林再武)의 후손이다. 천성이 지극히 효성스러워 어머니가 병이 났을 때 자기의 손가락을 끊어 그 피를 입에 넣어 어머니의 수명을 연장케 하였다 하며 조정에서 생시에 정려(旌閭)를 명하였다.

그는 "내 부모를 내가 봉양하는데 단각(丹閣)을 세우는 것은 도둑질하여 세우는 것과 같으니 미안한 것이다" 하여 아들도 감히 정각을 세우지 못한 효자이다. 조정에서 조봉대부 동몽교관(朝奉大夫童蒙敎官)을 증직하였다.

임시영 (林時英)

찰방(察訪) 임긍(林兢)의 후손으로 광무 6년(1902)에 통정대부(通政大夫)에 제수되었다.

예천임씨(醴泉林氏)

임시흥(林始興)

참봉(參奉) 임정남(林挺楠)의 증손으로 학식이 풍부하고 옛 것을 좋아하였다. 형제 세 사람이 기휴재(棄休齋) 주필혁(朱必赫)의 문하에서 같이 수학하였고 늦어서 서당을 지어 두 동생 임상흥(林尙興), 임백흥(林伯興)이 같이 잠자면서 지내니, 경연(景淵) 이현조(李玄祚)가 안찰(按察)할 때 그 모습을 보고 크게 경탄하여 이 서당을 삼우당(三友堂)이라 하였다.

임여신(林汝新)

찰방(察訪) 임긍(林兢)의 손(孫)이다. 성품과 도량이 고결하고 문학을 일찍 이루니 마을에서 추앙하고 존중하였으며, 임만휴(任萬休) 선생의 상(喪)에 울진 유림이 제문(祭文)을 지어가는데 동참하였다.

임인기(林麟起)

임긍(林兢)의 후손이며, 수직(壽職)으로 통정대부 한성부좌윤(通政大夫漢城府左尹)에 제수되었다.

임재무(林再武)

임긍(林兢)의 후손으로 벼슬이 수직(壽職)으로 통정대부 행첨지중추부사(通政大夫行僉知中樞府使) 겸 오위장(五衛將)에 제수되었다.

임정한(林鼎漢)

순조 25년(1825)에 태어나 고종 21년(1884)에 졸하였으며, 자(字)는 성원(聖元), 호(號)는 금포(錦圃)로 임응회(林應晦)의 아들이며, 외조는 조응규(趙鷹圭)이다. 후학교육에 전념하였으며 문행(文行)이 높았다. 유고로『금포유고(錦圃遺稿)』가 있다.

예천임씨(醴泉林氏)

임제한(林霽漢)

순조 25년(1856)에 태어나 1931년에 졸하였으며, 자(子)는 여운(汝雲), 호(號)는 계와(溪窩)로 국은(菊隱) 임응성(林應聲)의 아들이다. 척암(拓菴) 김도화(金道和)의 문인(門人)으로 학문(學問)과 행검(行檢)이 있었다. 유고로 『계와유고(溪窩遺稿)』가 있다.

임병두(林秉斗)

자(字)는 성칠(星七), 호(號)는 완사(浣簑)이며, 헌종 11년(1845)에 임명한(林明漢)의 아들로 태어나서 융희 3년(1909)에 졸하였다. 문과에 불운하자 무과로 전환하여 급제하여 내위금장(內衛禁將)에 제수되어 연일부사(延日府使)를 역임하였으며, 이어 가선(嘉善)의 반열에 올랐다가 정세가 날로 잘못되어 감을 보고 귀향하였다. 중추원 의관(中樞院議官)을 제수받고 군사를 기르고 무기를 비축해야함을 상소하였으며, 여러 고을 부사를 역임하며 선정을 베풀어 칭송을 받았다.

임돌이(林乭伊)

일명 병칠(秉七)이며, 고종 27년(1890)에 임낙한(林洛漢)의 아들로 태어나서 1964년 졸하였다. 임찬일(林瓚逸)의 지도를 받아 임하면 항일 의거시 면내 각동 유지를 심방하여 격문과 태극기를 유포하면서 3월 20일 금소동구(琴韶洞口)에 모이도록 하고 금소 동민을 동원하여 선두에서 만세를 고창하였고, 주재소와 면소의 파괴를 주장하며 습격하였다. 일경에 체포되어 갖은 고문을 받고 빈사상태에 도달하여도 굴하지 않고 1년 6월형을 언도받고 복역하였다. 1982년 대통령 표창과 1990년 건국훈장 애족장이 내려졌다.

본관미상 및 기타

本貫未詳 및 其他

본관미상(本貫未詳) 및 기타(其他)

임 언(林 彦)

신라 경애왕 4년(918) 6월에 후당(後唐) 명종이 권지강주사(權知康州事) 왕봉규(王逢規)를 회화대장군(懷火大將軍)으로 삼았다. 4월에 왕봉규가 임언(林彦)을 사신으로 후당(後唐)에 보내 조공하니, 명종이 임언을 중흥전(中興殿)으로 불러 인견하고 물품을 하사하였다. (唐明宗 以權知康州事王逢規 爲懷化大將軍. 夏四月 知康州事王逢規遣使林彦 入後唐朝貢 明宗昭對中興殿 賜物) (三國史記 卷 第1 新羅本紀 제11 景哀王 4년조)

임언이 사신으로 중국에 다녀온 사실은 『고려사』세가 제1 태조 10년(927) 및 『고려사절요』권1에도 기록되어 있는데, 이는 같은 사실을 세 책에서 기술한 것이다. 다만 『고려사』에서는 임언이 왕봉규의 사신이 아니고 왕(태조)의 사신으로서 당나라(後唐)에 다녀온 것으로 되어 있다.

또한 『고려사』권88 비빈조에는 태수 임언의 딸인 경주임씨가 태조의 부인(夫人)이 되었다는 기록이 있다.

그는 강주(康州; 현재의 晉州)에 살다가 그 지방 호족인 왕봉규(王逢規)를 도와 인근 지방을 흡수하는 등 크게 활약하였던 것이다. 왕봉규의 활약이 중국에까지 알려져 후당 명종이 왕봉규를 대장군으로 임명한 것이다. 한편 고려는 왕봉규의 귀부로 진주 일대 남해안의 해상권을 잡는 계기가 된 듯하고, 임언은 고려 통일에 공을 세웠고 벼슬이 태수에 오르게 되었다. 왕건은 그의 세력을 끌어들이고 당(唐)과의 외교문제 등에도 도움을 받고자 그의 딸을 부인(夫人)으로 맞아들였다고 추측된다. 임언의 딸 임씨(林氏)는 천안부원부인(天安府院夫人)으로 명명되어 효성태자(孝成太子) 임주(琳珠)와 효지태자(孝祗太子)를 낳았다. 효성태자와 효지태자는 모두 아들이 없었고 그밖의 기록은 남아 있지 않다. (삼국사기, 고려사 세가 제1 및 열전 제1 천안부원부인 林氏條)

임 복(林 福)

고려 현종 19년(1028) 9월 무신일에 좌사낭중 임복(林福)을 거란에 파견하여 황후의 생신을 축하하였다. (고려사 세가 제5)

임사행(林思行)

고려 덕종 2년(1033) 12월 임사행(林思行)이 감찰어사로 임명되었는데, 그 이외의 기록은 없다. (고려사 세가 제5)

임종한(林宗翰)

고려 정종 원년(1035) 10월 임종한(林宗翰)이 감찰어사에 임명되었으며, 그후 전중시어사에 임명되었다가 정종 5년(1039) 정월에는 동로부병마사에 임명되었다. (고려사 세가 제6)

임 호(林 顥)

임호의 사적에 관한 기록 등은 찾을 수 없다. 다만 그가 비문(碑文)과 전액(篆額)을 쓴 부석사원융국사비(浮石寺圓融國師碑 ; 영풍군 부석면 북지리 소재)의 명문에 "유림랑상서도관낭중(儒林郎尙書都官郎中)"이라 기재한 것을 볼 때, 당시 6부(部)를 감독하고 모든 관리를 통솔하는 기관인 상서도성(尙書都省)의 정5품 낭중을 지냈음을 알 수 있을 뿐이다.

그 비문의 글씨는 자경(字徑) 2cm의 해서체로 고려 초기에 유행한 구양순체(歐陽詢體)를 따랐으며, 좁고 긴 짜임새와 건경(健勁)한 필력으로 골격을 살렸다. 글씨의 품격이 매우 높고 개성이 뚜렷하여 명필이라고 할 수 있다. 비(碑)의 건립 연대가 분명치는 않으나, 국사(國師 ; 決凝, 姓은 金)가 문종 7년(1053)에 입적했으므로 그 해나 다음 해에 건립되었을 것으로 추정된다. (조선금석고, 한국민족문화대백과사전)

본관미상(本貫未詳) 및 기타(其他)

임원통(林元通)

고려 숙종 2년(1097) 4월에 왕이 문덕전에 나가서 과거 복시를 보였는데, 임원통(林元通)이 을과로 장원급제를 하였다. 이날의 과거에는 참지정사 황영(黃瑩)이 지공거로 되고 이부상서 유석(庾晳)이 동지공거로 되어 실시하였는데 을과 5명과 병과 10명, 동진사과 18명, 명경과 4명, 은사과 4명에게 각각 급제를 주었다. 그해 9월에 임금이 새로 급제한 임원통 등을 불러서 술과 음식 및 의복을 주었다.

임원통은 명문장으로 이름이 났으며, 최자(崔滋)는 임원통과 임종비(林宗庇), 임춘(林椿) 등에 관한 평을 『파한집(破閑集)』에 기록하기를 "다금석(金石) 같은 소리가 간간이 일어나고 성월(星月) 같은 광채(光彩)가 아울러 비쳐서, 한(漢)의 문(文)과 당(唐)의 시(詩)가 이즈음에 전성이었다" 하였다. 그밖에 그가 어떤 벼슬을 했는지, 무슨 저술을 남겼는지 등은 기록이 남아 있지 않다. (고려사 세가 제11, 續破閑集序, 東文選 제84권 序)

임 의(林 義)

고려 숙종 7년(1102) 12월 임의(林義)는 예부상서(禮部尙書 ; 정3품) 겸 사관수찬(史館修撰)에 임명되었다. (고려사 세가 제11)

임 좌(林 佐)

고려 예종 4년(1109) 2월 경진일에 왕이 건덕전 남문 밖에 나가서 장군(將軍 ; 정4품) 임좌(林佐) 등의 군사를 검열하고 술과 은병을 하사하였다. (고려사 세가 제11)

임 존(林 存)

송나라에서 대성악(大晟樂 ; 송나라 풍류악)을 익히도록 도와준 데 대하여 사례하는 표문을 임존(林存)이 작성하였고, 고려 예종 11년(1116) 7월에 사신 이자량(李資諒) 등이 이를 송나라에 가져갔다. 그 표문이 『동문선』에 수록되어 있다.

예종 16년(1121) 기거사인(起居舍人) 임존은 왕명을 받아 청연각(淸讌閣)에서 『시경(詩經)』의 운한(雲漢)편을 강의하였다. 인종 즉위년(1122) 12월 이자겸(李資謙)과 권세를 다투던 중서시랑평장사 한안인(韓安仁)이 이자겸에 의해 죽었고, 대방공 보(帶方公 俌)가 경산부로 추방되었다. 이때 시어사(侍御史) 임존도 그에 연루되었다 하여 외지로 귀양가게 되었다. 이자겸이 몰락한 후 인종 5년(1127) 초에 임존은 한림시독학사가 되었다가 그해 4월에 진주목 부사(副使)로 임명되었다.

그후 중서사인(中書舍人 ; 종4품)에 임명되었는데, 인종 9년(1131) 9월에 그는 직문하성 안직숭(安稷崇), 우간의 이신(李伸) 등과 함께 아뢰기를 "동경에 파견된 지례사의 서장관 최봉심(崔逢深)은 본래 무과출신이라 서장관이 그에게 당치 않고, 그는 일찍이 호언하기를 '나라에서 나에게 장사 천 명만 주면 금나라에 들어가 그 임금을 사로잡아 바치겠다'라고 한 적이 있습니다. 그가 이렇게 미친 듯이 함부로 날뛰는 것으로 보아 일을 저지를 듯하니 그를 보내서는 안 됩니다"라고 하면서 3일 동안 궐문 앞에서 굳이 말렸으나 왕이 승인하지 않았다.

인종 10년(1132) 이부시랑(吏部侍郎 ; 정4품)에 임명된 임존은 윤4월에 동지공거(同知貢擧)에 발탁되었는데, 부(賦 ; 운문체의 하나)의 시험문제를 내기를 "聖人以天下爲家(성인은 능히 천하로서 집을 삼는다)"라고 하였다. 이에 대하여 문하성에서 왕에게 아뢰기를 "상고하건대 문제 중 '耐'자는 옛날의 '能' 자로서 노동의 반절 '능'으로 읽어야 하며 오늘날 노대의 반절인 '내'로 읽는 것은 옳지 않습니다. 바라건대 시관(試官)을 다른 사람으로 바꾸어 시험을 치게 하여 주십시오"라고 하였으나 왕이 허락하지 않고, 지공거인 최자성(崔滋盛)에게 명하여 다시 시험 치게 하였다. 그 과거에서 최광원(崔光遠) 등 25명이 급제하였다.

임존은 문장으로 이름을 날렸는데, 임존이 작성(작성 연대 미상)하여 송나라에 보낸 사보유표(謝報諭表 ; 조유를 보내신 데 대한 감사 표문)도 『동문선』에 실려 있다. 또한 경상북도 칠곡군 북삼면 소재 선봉사(僊鳳寺) 터에 남아 있는 해동천태시조 대각국사비문(海東天台始祖大覺國師碑文 ; 보물 제251호)도 그가 지은 것이다. (고려사 세가, 세계인명대사전)

본관미상(本貫未詳) 및 기타(其他)

사허습대성악표(謝許習大晟樂表)

배신(陪臣) 모 등은 아뢰옵나이다. 이달 모일에 문덕전에 나아가 조하하옵고 물러와 객성(客省) 막문(幕門)에 있노라니 관반(館伴) 모관 모가 마침 성지(聖旨)를 유시하러 오고, 태사 노국공 채경(蔡京)이 성지를 받들어 전하면서 악(樂)을 익히는 사람이 지금 와 연악을 보고자 하니, 대성아악(大晟雅樂)을 익힘이 제일이라는 말씀이었나이다. (중략)

이제 황제께옵서 우리나라의 충순함을 환히 보시고 진주(眞主)로서 권련을 남김없이 내리시와, 데리고 온 사람들로 하여금 칙지로 열습할 길을 열어주옵시니, 일행의 영행(榮幸)이요, 만 번 죽어도 성은을 보답키 어렵사옵니다.

사보유표(謝報諭表)

분연히 왕사(王師)를 일으켜 무적(無敵)의 신공(神功)을 세우시고, 멀리 사절을 보내어 비상한 아름다운 일을 조유(詔諭)하시니, 은영(恩榮)이 특이하온지라 감격하여 춤추옵니다. (중략) 황제께옵서 하늘이 내신 영모와 날마다 높아지시는 성덕으로 전쟁하면 반드시 이기고, 공격하면 반드시 빼앗는 군략으로 지휘하시고 북으로 남으로 강토를 활짝 개척하시매 화이(華夷)가 다 복종하고 호령이 새삼 새롭사옵니다. 이 번방(藩邦)의 나라를 생각하시어 첫머리로 윤음을 내리시와 각별히 하사를 더하시고 간곡히 어루만져 주시니, 돌아보매 스스로 보답할 길이 아득하옵고 오직 경하하는 마음만 더욱 깊사옵니다.

임허윤(林許允)

고려 예종 11년(1116) 11월에 과거에 장원급제하였고, 같은 달 임금이 새로 급제한 임허윤 등에게 벼슬을 주게 하고 술, 음식 및 의복 한 벌씩을 하사하였다. (고려사 지 제28)

임문벽(林文璧)

묘청(妙淸)의 난(亂)이 일어난 후 윤관의 아들 윤언이(尹彦頤)가 정지상과 깊은 관계를 맺고 있다는 김부식의 탄핵에 의해 양주방어사로 강직되었는데 윤언이가 이에 대하여 해명하는 글을 왕께 올렸다. 그 중 녹사(錄事 ; 정9품) 임문벽의 활동에 관한 기록이 있다.

임 수(林 修)

고려 인종 4년(1126) 5월 이자겸(李資謙)이 군사를 보내 왕의 정침을 범하므로 척준경을 시켜 이자겸을 가두게 한 후 그와 처자를 시골로 귀양보냈다. 다음 달에 역도를 잡은 공에 따라 이진복(李珍福)과 고공현(高公現)은 상장군으로, 임수(林修)는 전중감(殿中監 ; 동반 종3품) 겸 좌우위 상장군(上將軍 ; 서반 정3품)으로 임명되었고, 정유황(鄭惟晃) 등 20명은 왕을 호종하게 되었다. (고려사 세가 제15 및 제16)

임 중(林 仲)

고려 인종 21년(1143) 11월에 병부원외랑(兵部員外郞 ; 정6품) 임중(林仲)은 왕의 하례 사신으로서 금나라에 들어가 왕의 생일을 축하한 것에 대하여 사례하였다. (고려사 세가 제15 및 제16)

임 영(林 英)

고려 인종 13년(1135) 정월에 묘청(妙淸)이 서경(西京)에서 반역하니 김부식(金富軾)을 원수로 삼아 임영(林英) 등으로 그를 보좌하게 하였고 김부의(金富儀)와 이주연(李周衍)으로 좌, 우군을 거느리게 하여 이를 정벌케 하였다. (고려사 열전 제11)

임 의(林 儀)

고려 인종 14년(1136) 3월에 좌승선 이지저(李之氐)와 전중소감(殿中少

본관미상(本貫未詳) 및 기타(其他)

監 ; 종4품) 임의(林儀)가 조서를 가지고 가서 서경 토벌에 참여한 장수들을 위로하고, 김부식(金富軾)에게는 의복, 안마, 금대, 금술잔 등을, 김정순(金正純)에게는 금대를 각각 주었고, 사군병마사와 부판관 이하는 음과 견 등을 차등 있게 주었다. 그리고 서경성 안팎에 있는 사원, 신사, 분묘로서 병란에 의하여 파괴된 것을 조사토록 하여 모두 수리하게 하였다. (고려사 세가 제16)

임 광(林 光)

고려 중기의 문신으로 인종 17년(1139)에 국자감시(國子監試)를 관장하여 임경(林景) 등을 선발하였고, 인종 18년(1140) 5월에 국자좨주(國子祭酒)로 동지공거(同知貢擧)가 되어 진사와 팽희밀(彭希密) 등 26명을 선발하였다. 의종 1년(1147) 12월에 지추밀원사(知樞密院事)가 되었고 이듬해 1월에 도명마사를 역임하고 3월에 추밀원사 판비서성사(樞密院使判秘書省事)가 되었으며, 1151년에 사공(司空)으로 보문각 별감(寶文閣別監)이 되었다. (한국민족문화대백과사전)

임 경(林 撤)

고려 의종 초(연대 미상)에 내시 윤언민(尹彦旼)이 수창궁(壽昌宮) 북원(北園)에 괴석을 모아 가산(假山)을 쌓고 만수정(萬壽亭)이라는 정자를 신축하여 호화스럽게 치장하였는데, 왕의 연회 중 가산이 허물어지는 사고가 발생하여 급사중(給事中 ; 종4품) 임경(林撤)은 어사잡단 신숙(申淑) 등과 함께 상소하여 윤언문 등 4명을 쫓아냈다. (고려사 세가 제18)

임문분(林文賁)

고려 의종 15년(1161) 갈음현 사람 중 자화(子和)와 의장(義章)이 정서(鄭敍)의 처 임씨(任氏)가 현리 인량(仁梁)과 함께 임금과 대신들을 저주한다고 고하였다. 이에 왕의 명을 받고 합문(閤門 ; 儀式을 관장하던 관청) 지후(祗候 ; 정7품) 임문분(林文賁)이 조사하여 본 결과, 자화가 인량과 사이가 좋지 못하여 인량을 모해하였음이 밝혀졌다. 이에 자화와 의장을 강물에 던져 죽였다. (고려사 열전 제12)

임종식 (林宗植)

고려 의종 21년(1167) 5월 초하루에 왕이 임진현에 가서 강변에 있는 중의 집에 유숙하였다. 이튿날 김영윤(金永胤) 등 재추(宰樞)와 이담(李聃) 등 승선(承宣)들을 데리고 강을 오르내리며 온종일 즐겁게 놀았다. 이날 사간(司諫) 임종식(林宗植) 등은 해질 무렵에 불려가서 연회에 참가하였다. 밤 중이 되어서 왕이 보현원으로 옮겨가는데 시종들이 미처 따라가지 못하고 시어(侍御) 고자사(高子思)는 술에 취하여 걷지 못할 지경이었다. (고려사 세가 제18)

의종 24년(1170) 정월에 여러 종친에게 명령하여 광화문 좌우편 행랑에 채단 장막을 치게 하였다. 관현방 대악서(大樂署)에서는 채붕을 세우고 각종 희극을 늘여놓고 왕을 영접하였는데 여기에는 주옥, 금수, 라기, 산호, 대모 등으로 꾸며 기묘하고 사치스럽기가 전고에 비할 바 없었다. 국자학관은 학생들을 인솔하고 나와서 노래를 불렀고, 왕이 보려를 멈추고 음악을 구경하다가 밤 3경이 되어서야 대궐로 들어왔는데, 이때 승선(承宣 ; 정3품) 임종식(林宗植) 등이 봉원전(奉元殿)에서 잔치를 치렀다. 왕이 매우 기뻐하며 새벽까지 놀다가 파했다. 그해 2월 기사일에 우부승선 임종식은 왕명을 받고 해주 상산(床山)에 가서 노인성(老人星)에 제사를 지냈으며, 그 후 좌부승선으로 임명되었다.

이렇게 왕이 평소 문신만 아껴 오만하게 만들었음에 불평을 품고 정중부(鄭仲夫), 이고(李高), 이의방(李義方) 등이 은밀하게 거사를 준비하고 있었다. 그해 8월 정축일에 의종은 흥왕사에서 보현원(普賢院)으로 가는 길에 오문 앞에서 시신(侍臣)들을 모아놓고 술을 마셨다. 왕은 술이 거나하게 취하자 좌우를 돌아보면서 "훌륭하구나! 이곳은 군사기술을 연습할 만하구나"라고 하면서 무신(武臣)들에게 명하여 오병수박희(五兵手博戲)를 하게 하였다. 이때 연로한 무신 이소응(李紹膺)이 젊은 문신 한뢰(韓賴)와 맞불

본관미상(本貫未詳) 및 기타(其他)

게 되었는데 노쇠하여 패해 달아났다. 한뢰는 그를 붙들고는 "평생을 무부로서 지낸 장군이 이렇게 비겁하냐?" 하면서 뺨을 후려갈겼다. 거나해진 왕은 물론이고 문신인 좌부승선 임종식(林宗植)과 기거주(起居注) 이복기(李復基) 등은 아무런 생각없이 박장대소하였다.

저물 무렵 왕이 보현원 근처에 이르렀을 때, 이고(李高)와 이의방(李義方)이 앞질러 가서 왕의 명령을 위조하여 순검군을 모아놓았다. 왕이 보현원 문 안에 막 들어가고 여러 신하들이 물러서려 할 때 이고 등이 먼저 왕이 가장 총애하는 호종문신 임종식과 이복기를 죽임으로써 역사적인 '무신(武臣)의 난(亂)'의 막이 올랐다. 이어 정중부(鄭仲夫) 등은 모든 호종(扈從), 문관(文官)과 대소관료(大小官僚) 및 환시(宦侍)들도 모조리 학살하였다. (고려사 세가 및 鄭仲夫傳)

임탁재(林擢材)

고려 명종 4년(1174)에 조위총(趙位寵)이 서경(西京)에서 반란을 일으켰을 때 절령(岊嶺) 이북이 모두 그 편으로 넘어가고 성중이 동요했으나, 분대감찰어사(分臺監察御史) 임탁재(林擢材)는 현덕수(玄德秀) 등과 함께 연주성(延州城)을 방어했는데, 특히 이때 임탁재가 변맹(邊盂)의 머리를 베어 효시함으로써 성중의 동요를 막았다. (고려사 세가 제18)

임 수(林 遂)

고려 명종 1년(1171) 5월에 정당문학 한취(韓就)가 지공거가 되어 과거시험을 보였는데 임수(林遂)가 장원급제하였다. 이때 진사에 28명, 명경과에 4명이 급제하였다. (고려사 지 제28)

임정식(林正植)

고려 명종 7년(1177) 4월에 의주, 정주 두 고을에서 반란이 일어났다. 조정에서는 직문하 사정유(史正儒)와 예부낭중(禮部郎中; 정5품) 임정식(林正植)을 파견하여 그들을 타이르게 했다. 임정식은 내시(內侍) 업무도 보았는데, 다음해인 명종 8년 3월에 어사대(御史臺)에서 내시, 다방에 정원이 초과했음을 아뢰니 왕이 명령을 내려 내시 12명과 다방 6명을 줄였으며, 이때 임정식이 내시직을 물러났다. (고려사 세가 제19)

임장경(林長卿)

고려 고종 12년(1225) 3월에 문하평장사 최보순(崔甫淳)이 지공거로서 과거시험을 실시하여 을과 30명, 명경과 3명, 은사과 7명을 뽑았는데, 임장경(林長卿)이 장원급제하였다. (고려사 세가)

임영식(林永軾)

고려 희종 4년(1208) 8월에 기거랑(起居郞; 종5품) 임영식(林永軾)이 천수절 축하 사신으로 다녀왔다. (고려사 세가 제21)

임주재(林柱材)

고려 희종 4년(1208) 11월에 임주재(林柱材)가 신년 축하 사신으로 금나라를 다녀왔다. (고려사 세가 제21)

임유식(林惟式)

고려 고종 38년(1251) 7월에 소경(少卿; 종4품) 임유식(林惟式)과 낭장 조원기(趙元奇)가 몽고에 사신으로 다녀왔다. (고려사 세가 제21)

임경필(林景弼)

고려 고종 41년(1254) 2월에 임경필(林景弼)이 추밀원부사(樞密院副使; 정3품)로 임명되었다. (고려사 세가 제21)

본관미상(本貫未詳) 및 기타(其他)

임계일 (林桂一)

임계일은 고려시대 불교가 한창 중흥할 때의 사람으로서 문장에 뛰어나 그의 글이 『동문선(東文選)』에 수록되어 있다. 그가 만덕산 백련사 정명국사(靜明國師;?~1248)의 시(詩)를 모은 시집의 서문을 지어주었는데, 그 내용을 발췌하면 다음과 같다.

만덕산 백련사 정명국사 시집 서(萬德山白蓮寺靜明國師詩集序)

문장을 만드는 것은 진실로 불씨(佛氏)의 여사(餘事)이다. 당, 송시대로부터 고승(高僧) 40여 인의 시집이 세상에 유행하였으니 이 역시 숭상할 만한 일이다. 간혹 부도(浮屠)를 정하게 배우지 못한 자가 문장의 유(流)에 의지하여 스스로 방황하는 일도 있으나, 유, 불(儒佛)을 겸비하고 도행(道行)이 고결한 지경에 이르러서는 전고(前古)에 구해도 들어보기 어렵다.

국사의 이름은 천인(天因)이요, 성은 박씨(朴氏)이니 고종 때 사람이다. 어릴 때부터 영리하여 널리 듣고 많이 기억하였으며, 문장에 능함으로써 칭송을 받았다. (중략)

국사가 죽은 뒤로 국가에 사고가 많아서 미처 비석을 세워 공덕을 찬양하지 못하였으나, 이 또한 국사의 본뜻이기도 하다. 다만 그 행적이 인멸되면 뒷사람이 기술할 수 없을 것이 염려될 뿐이었다. 마침 도인이 있어 행장과 시집을 가지고 와서 보여주므로, 나는 감히 비졸하다고 자처하지 않고 국사의 유적을 대략 서술하였으나, 특히 태산의 한 터럭을 전할 따름이다. (東文選 제83권 序편)

또한 『동문선』칠언율시(七言律詩) 편에 김지대(金之岱; 1190~1266)가 지은 「用林拾遺韻又呈(임습유의 운을 또 써 드림)」이란 글이 있는데 습유(拾遺;中書門下省의 종6품) 임계일(林桂一)이 지은 다음의 시(詩)를 그 글에서 인용 소개하고 있다.

병인년 중추 1일에 평장경원공을 뵈러가서 (丙寅秋仲一日謁平章慶源公)
말이 송학사 문공 왕우칭의 (因語及宋學士王文公禹)
서호 연사시에 미쳤는데 (西湖蓮社詩)
첫째 연이 '몽환오신시우연 (具起聯云夢幻吾身是偶然)
노생사십우삼년'이었다. (勞生四十又三年)
그때 내 나이 마침 선사 불혹의 해를 지나 (時予適已過先師不惑之年)
몇 살을 더하였으므로 (而加數歲)
측연히 느낌이 있어 한편을 화운하여 (惻然有感因和成一篇遙)
멀리 대존숙 장하에 붙여 나의 회포를 달래고 (寄呈大尊宿丈下以達鄙懷)
또 후일에 내가 가서 도를 묻거든 (且約他時問道)
푸른 칡넝쿨 밑, 달빛 아래에서 (冀綠蘿煙月)
나를 낯선 손으로 여기지 말기 바란다. (無以予爲生客耳)

임 정(林 靖)

고려 고종 13년(1226)에 최이(崔怡)가 발에 부스럼이 생겼는데, 허다한 의원(議員)들이 이를 고치지 못하였다. 그런데 합문지후(閤門祗侯 ; 정7품) 임정의 처(妻)는 본래 의가의 딸로 자랐으므로 인독고(引毒膏)를 붙여주어서 효험을 보았다. 이에 왕(王)은 임정에게 공부낭중(工部郞中 ; 정5품)의 벼슬을 내려주었다. (고려사 崔忠獻傳)

임 경(林 庚)

낭장 임경은 고려 고종 38년(1251) 최항(崔沆)의 명을 받고 주숙(周肅)을 압송하여 섬으로 귀양보냈다가 웅천(熊川)에서 바다에 던져 죽였다. 주숙은 장군 김효정(金孝精)이 허구하여 중상한 까닭이라고 억측하여, 죽을 무렵에 임경에게 "김효정이 나와 함께 정권을 임금에게 복귀시킬 음모를 했다"라고 말했다. 임경이 돌아와서 그 말을 최항에게 고하니, 최항(崔沆)이 김효정을 귀양보냈다가 이어 죽였다. (고려사 崔忠獻傳)

본관미상(本貫未詳) 및 기타(其他)

임 종(林 宗)

고려 원종 12년(1271) 밀양군 사람들인 방보(方甫), 계년(桂年) 등이 군내 사람들을 모아 진도에 있는 삼별초에 호응하려고 밀양부사 이이(李頤)를 죽인 후 공국병마사(功國兵馬使)라 칭하면서 군현(郡縣)에 통첩을 보냈는데, 일선현령 조천(趙阡)이 합세하는 등 세력이 매우 완강하였다. 이때 청도감무 임종(林宗)은 충성심과 꼿꼿한 절개를 굽히지 않고 이에 불응하였고 급기야는 그들 무리들에게 죽임을 당하였다. 이에 안찰사 이오(李敖)가 금주방어사와 경주판관 등과 함께 군대를 이끌고 급습하였더니 자중지란이 일어나 평정되었다. (고려사 세가 제26 및 동국여지승람)

임정기(林貞杞)

임윤유(林允蕤)의 아들이며 고려 원종 때 과거에 급제하였다. 그가 장흥부사로 있을 때 부친의 대상(大祥)을 당하였으므로 서울로 가야 할 형편이었음에도 임지에서 제사 지낼 것을 청했다. 그후 노진의(盧進義)의 딸을 둘째 처로 삼았는데, 후에 노진의 사건에 연루되었다는 혐의로 파면되었다. 충렬왕 때 정랑(正郞) 벼슬을 제수받았으나, 감찰시사(監察侍史) 김홍미(金弘美) 등이 고신(告身)에 서명하지 않아서 왕에게 호소하여 서명을 독촉했고, 그래도 불복하자 그들을 섬으로 귀양보냈다.

얼마 후 전라도 왕지사용 별감(全羅道王旨使用別監)에 임명되어 많은 사람의 환심을 샀다. 부호들의 전조(田租 ; 田稅)와 내고미(內庫米)를 수로(水路)로 수송하였는데 예성강에 도착한 것이 총 80여 척에 달했다. 그 결과 칭찬의 소리가 왕에게까지 들려 왕의 총애가 더욱 두텁게 되었으며, 왕은 그에게 붉은 띠를 두를 것[帶紅]을 허락하였다. 그는 그 후 전라도 안렴사(全羅道按廉使)에 임명되었고, 언젠가 굴나무 두 그루를 소 12마리로 끌고 와 임금에게 바쳤다.

충렬왕 13년(1287) 2월에 임정기(林貞杞)는 우부승지(右副承旨)에 임명되었고, 그해(1287) 5월에 국자감시(國子監試)를 주관하여 이구(李㧾) 등 85명을 뽑았다.

한편 그가 처음 시관이 되어 임금을 위하여 연회를 차리고 주석이 한창 무르익었을 때 춤을 추니 임금이 심히 기뻐했다. 이때부터 과거를 책임진 자가 과거 기일 전에 임금을 위하여 연회를 베푸는 관습이 생겼으며, 이를 품정(品呈)이라고 한다. 그는 그해(1287) 12월에 부지밀직사사(副知密直司事; 종2품)로 임명되었고 감찰대부를 겸하였다. 충렬왕 14년(1288) 10월에 죽었다. (고려사 세가 권30, 선거지2 및 林貞杞傳)

임 성(林 成)

고려 충혜왕 후3년(1342) 6월에 왕이 교서를 발표하여 "반란으로 왕이 원나라에 가던 시기에 시종일관 절개를 지킨 해평부원군 윤석(尹碩) 등 33명을 1등 공신으로 정하여 벽상에 화상을 그리도록 하라" 하였는데, 그 1등 공신 가운데에는 호군 임성(林成)도 포함되어 있었다. (고려사 세가)

임 신(林 信)

고려 충혜왕 후원년(1340) 임신은 장사를 하고 있었는데 딸을 충혜왕이 보고 총애하게 되었다. 충혜왕 후3년(1342) 2월에 평리 홍탁(洪鐸)의 딸을 화비(和妃)로 삼으면서 왕은 임씨(林氏)를 은천옹주(銀川翁主)로 봉하는 한편 임신(林信)과 임이도(林利道)도 함께 끌려갔다. 왕은 원나라 황제에 의해 게양으로 귀양가게 되었는데 귀양가던 도중 악양현에서 독살되었고, 임신은 빈주로(彬州路)로, 임이도는 계양로(桂陽路)로 각각 귀양갔다가 뒤에 고려로 돌아왔다.

임신은 공민왕 22년(1373)에 은천옹주 소생인 석기(釋器)의 불궤(不軌) 도모 사건에 연루되어 참형을 당하였다. 아들로 임언(林言)이 있었다. (고려사 세가 제36)

임중보(林仲甫)

고려 충숙왕 후원년(1332) 3월 충숙왕이 재집권하게 되자 자기를 몰아냈던 전왕(충혜왕)이 총애하던 정승 윤석(尹碩) 외 다수의 관리를 가두었는데, 그 가운데에는 호군 임중보(林仲甫)도 끼어 있었다.

본관미상(本貫未詳) 및 기타(其他)

한편 공민왕 즉위년(1351) 12월 신묘일에 영릉(永綾)의 서자(충혜왕과 은천옹주 사이에서 태어난 왕자)인 석기(釋器)의 머리를 깎아 중을 만들어서 만덕사에 두었다. 공민왕 5년(1356) 왕은 전 호군 임중보(林仲甫)가 영릉(충혜왕)의 서자 석기(釋器)를 세우려고 반역을 도모한다는 말을 듣고는 순군부에 가두어 치죄하였다. 전 정승 손수경(孫守卿)과 감찰대부(監察大夫) 손용(孫湧) 등 10여 명이 이에 연루되어 모두 하옥되었다. 그때 감찰대부 손용은 어사대(御史臺)에 앉아 있었는데, 승명자가 와서 그를 잡아가려 하자 같이 있던 사람들은 아연하여 어쩔 바를 몰라 했다. 그러나 오직 지평 전우상(全遇祥)은 정색을 하고 말하기를 "대관(臺官)은 비록 죄가 있다고 하더라도 마땅히 대관을 파직한 연후에야 감옥에 가는 것이다. 그대는 대중에 들어갈 수 없다" 하고는 일보기를 평상시와 같이 하였다고 한다. 옥관이 임중보에게 "네가 손용을 아느냐"고 묻자 "모른다"라고 대답하니 손용은 불문에 부쳐졌으며, 이튿날 손수경 등의 목을 베고, 찬성사 강윤충을 동래현령으로 좌천시켰다. 또한 한양윤, 홍중원, 설기총, 임주운(林朱雲) 등에게는 장벌을 가하고, 석기는 서울 밖으로 내쫓았다. (고려사 세가 제39)

임홍보(林洪甫)

고려 충혜왕 후4년(1343)에 왕이 동쪽 교외에서 사냥하고 돌아오다가 사랑하는 신하 임홍보(林洪甫)의 집에 행차했는데 임홍보가 그의 시비를 바쳤다. (고려사 세가 제36)

임 회(林 檜)

고려 충혜왕 후4년(1343) 왕이 부자(富者)인 대호군 임회(林檜) 등 10여 명을 불러다가 내고(內庫)의 보화를 꺼내 주어 원나라에 가서 판매하게 하였다. 이는 왕실에 물자가 부족하여 이를 보충하기 위한 것이었다. (고려사 세가 제36)

본관미상(本貫未詳) 및 기타(其他)

임상인 (林上人)

이색(李穡)이 은계 임상인을 보내면서 지은 글이 『동문선』에 수록되어 있어 임상인의 행적을 조금이나마 짐작할 수 있다.

송은계임상인서(送隱溪林上人序)

7월 21일에 나는 더위에 지쳐서 옷을 풀고 망건을 벗고 손님을 사절하였으므로 문정(門庭)이 적적하였는데 수풀 임자 이름을 가진 임상인(林上人)이 찾아왔다. 그는 곧 시내 계(溪)자로 별호를 한 은계(隱溪)였다. 그래서 상쾌하고도 맑으므로 뛸 듯이 기뻐했다.

수풀이라면 푸른 솔인가, 푸른 대인가. 시내라면 내리쏟는 샘물인가, 바위 밑에 깊게 고인 못물인가, 나는 이런 생각을 해온 것이 오래였는데 하루아침에 내 집안에 있게 되었으니 얼마나 다행인가. 그런데 나는 피곤해서 벽 하나를 사이에 두고도 면대할 수 없으니, 이는 "지척인데도 모름지기 만 리와 같이 따진다"라는 말과 무엇이 다르리오. 자못 하늘이 나에게 맑은 일을 주기를 아끼는 모양인가? 하늘이 사람에게 부여하는 것은 가장 균평하여 일찍이 푼, 촌(分寸)이나 수, 양(銖·量)의 사이에도 사정을 두지 아니하는 동시에, 청, 탁(淸濁)이나 후, 박(厚薄)이 서로 빼앗아가지 못하고, 한, 망(閑·忙)이나 정, 조(靜·躁)가 서로 용납되지 못하니, 사람이 하늘에서 받은 것도 감히 푼, 촌이나 수, 양의 사이를 조금도 변하게 할 수 없는 것이다.

지금 내가 거처하는 곳은 도회지요, 노니는 곳은 공경(公卿)의 저택이요, 더불어 읊고 노래하는 자는 모두 큰 창옷 입고 넓은 띠를 띤 무리들이니, 상인 같은 임천(林泉)의 선비와 더불어 서로 면대하지 못하게 되는 것은 역시 천리(天理)이니, 의당 순히 따를 따름이다. 무엇을 한하랴. 바야흐로 순히 받아야 한다는 사실을 기술하려 하는데 더위가 더욱 심하여 곧 걷어치우고 쓰지 않으니 뒷날을 약속하고 다시 오면 마땅히 상인을 위하여 나의 설명을 끝마치겠다. (東文選 제87권 序)

본관미상(本貫未詳) 및 기타(其他)

임 현(林 顯)

고려 공민왕 14년(1365) 7월에 임현이 좌사의대부로 임명되었고 곧이어 우사의대부(右司議大夫)로 임명되었다. 이듬해(1366)에 좌사의대부 정공권(鄭公權)이 신돈(辛旽)에 대하여 신랄히 비판하는 장소를 올렸다 하여 순군의 옥에 가두고 문초하였는데, 그가 상소한다는 사실을 우사의대부 임현(林顯)도 알고 있었다고 진술하였으므로, 함께 조사를 받았다. 임현 등은 정공권이 구명에 노력한 결과 죽음을 면하고 다시 좌사의대부에 임명받게 되었다. (고려사 세가 제40, 열전 제19)

임태달(林台達)

고려 공민왕 21년(1372) 2월 사헌규정 임태달 외 3인을 유배하였다. 그 이유는 사헌규정 등이 대장(臺長)인 유원(柳源), 안경(安景), 김존성(金存誠), 최사정(崔斯正)을 놀려 벽에 써붙이기를 "존성은 성(誠)이 없고, 사정은 부정(不正)하며, 유원은 원(猿;원숭이)을 닮았고, 안경은 진견(眞犬;개)이라" 하였기 때문이다. 대사헌 권호(權鎬)와 사헌부사 최을의가 왕에게 아뢰어, 방주(房主) 임태달과 유사 허온(許溫)을 순위부에 하옥하고 벽에 쓴 자를 대라고 고문하자, 허온이 견디지 못하고 자복하여 말하기를, 전 규정 임헌(任獻)이라고 하였으므로 이들을 모두 귀양보낸 것이다. (고려사 세가 제43)

임 완(林 完)

고려 공민왕 12년(1363) 윤3월에 수복경성공을 수록하면서 전 판선공시사(判繕工寺事) 임완(林完)을 2등 공신으로 하였다. 9년 후인 21년(1372) 7월에 판도판서 임완은 명나라에 천추절 축하 사신으로 다녀왔고 다음해(1373) 7월에도 찬성사 강인유 등과 함께 사신으로 명나라를 다녀왔다. 임완은 그 후 제주안무사에 임명되었는데 우왕 원년(1375) 11월에 제주사람 차현유(車玄有) 등이 반란을 일으켰을 때 죽었다. (고려사 세가 제40~제44,

본관미상(本貫未詳) 및 기타(其他)

고려사절요 권30)

임효선(林孝先)

고려 우왕 때 우헌납(右獻納) 이첨(李詹) 등이 수시중(守侍中) 이인임(李仁任)등을 처벌하도록 상소하자 오히려 간관들을 곤장치고 귀양보냈는데, 이때 임효선(林孝先)도 정몽주(鄭夢周) 등과 함께 귀양갔다. (高麗史 열전 제39 李仁任傳)

임서균(林栖筠)

고려 공양왕 2년(1390) 6월 신진사 임서균(林栖筠 또는 西筠)은 과거(예부시)에 급제하였다.

그 후의 기록은 분명치 않으나 조선 태종 2년(1393) 12월 8일에 조사의(趙思義)의 역모에 참여했다는 이유로 다른 9명과 함께 복주(伏誅)되었다. 세종 17년(1435) 2월에 죽은 교수관 임서균의 아내 배씨(裵氏)가 "저는 나이 이미 늙고, 또 전할 만한 자손도 없으니 노비 6명을 바치고자 합니다" 하므로 조정에서 이를 받아들였다. 그리고 다음 달(3월)에 내수소(內需所)의 쌀 80석을 죽은 교수관 임서균의 처 배씨에게 하사하였다. (고려사 선거지3, 태종실록, 세종실록)

임 구(林 球)

삼사좌승(三司左丞)에 임명되어 활동하였는데, 태조 2년(1393)에는 경기우도 안렴사(京畿右道按廉使)로 임명되어 경기도 일대를 두루 다녀왔다. (태조실록)

임 거(林 柜)의 딸

조선초기 완산부의 임씨(林氏)는 선비 임거(林柜)의 딸로 지낙안군사(知樂安郡事) 최극부(崔克孚)에게 출가하였다. 왜적이 침구하여 임씨가 붙잡혔는데 도둑이 욕보이려 하자, 임씨가 완강히 저항하였다. 도둑이 한 팔을

본관미상(本貫未詳) 및 기타(其他)

잘랐으나 좇지 않았고, 다시 한 팔을 잘랐으나 오히려 굴하지 않아 마침내 죽임을 당했다. 이에 조정에서 태조 4년(1395) 4월에 임씨의 정문(旌門)을 세웠다. (동국여지승람, 태조실록)

절부 임씨를 기리는 시(詩) 한 편이 『삼강행실도』에 수록되어 전해오고 있다.

임씨는 완산 땅의 예의 있는 가문인데 (林氏完山禮義家)
왜놈이 돌입하여 병기를 휘둘렀네. (倭奴突入肆兵戈)
흉한 놈이 칼인들 더럽힐 수 있으랴 (兇渠白刃焉能浼)
죽도록 마음 굳어 다른 뜻 결코 없네 (之死心堅失靡他)
온 세상이 놀랄 만한 곧고 높은 그 정렬 (貞烈高風擧世驚)
위태할 때 목숨 버려 구차히 살지 않았네. (臨危括命不偸生)
이 한 몸의 결정이 매우 분명해 (一身取舍分明甚)
의리가 중하니 죽음도 쉽게 여겼네. (義重方知死亦輕)

임 경(林 敬)

태조 5년(1396) 3월에 중추원(中樞院)의 8인으로 하여금 서북면(西北面)의 수령을 겸하게 했는데 그 중 임경은 강계(江界)의 수령을 겸하게 되었다. 태조 7년(1398) 2월에는 경상도 관찰사(慶尙道觀察使 ; 종2품)로 임명되었다. (태조실록)

임영순(林英順)의 딸

조선초기 태인현(임실, 순창, 김제의 사이)의 구고(九皐) 임씨(林氏)는 전의부정 임영순(林英順)의 딸로 한 고을의 명망 있는 집안(士族)이었다. 나이 15세에 현 통례문 봉례랑 박조(朴牆)에게 시집가서, 시어머니 전씨(田氏)를 섬겨 부인의 도를 다하였다. 태종 1년(1401) 봄에 박조는 서울에서 벼슬(司正)을 하고 임씨(林氏)는 홀로 태인현에서 시어머니를 모시고 있던 중 3월 10일 밤중에 집에 불이 나서 사람들은 창황히 자신을 구하기에

겨를이 없었다. 그때 시어머니가 늙고 병들어 잠자리에 엎드린 채 일어나지 못하여 어찌할 수가 없었다. 임씨가 급히 들어가 시어머니를 안고 나오다가 섬돌에 부딪쳐 쓰러졌는데 바람에 불기운이 성하자 자신의 몸으로 시어머니를 덮어 머리가 그을리고 등이 데어 문드러졌다. 건장한 종(僕)이 이를 보고 의리에 감동하여 뛰어들어와 불을 막으면서 업고 나와 마침내 시어머니와 며느리가 죽음을 면할 수 있었다. 이 일이 나라에 보고되자 세종 2년(1420) 정월 그 마을에 정문(烈女門)을 세워 표창하고 의부(義婦)라 이름하게 하니, 현사대부(賢士大夫)들이 시(詩)로 읊고 노래했다. 그 시를 모은 후 태사(太史) 윤회(尹淮)가 서문을 썼는데, 그 내용은 다음과 같았다.

내가 생각하건대 임씨(林氏)는 일개 여자로 학문의 힘과 연마한 공부도 없었으나 특별히 시어머니를 효성으로 봉양한 것은 어버이를 사랑하고 어른을 공경하는 교화 속에서 자란 때문이요 남편을 잘 섬긴 것은 본래 보고 느낌이 있었기 때문이다. 그러므로 창졸히 일을 당하여 순간적으로 나온 생각은 과단성이 있어 뜨거운 불길 속에 뛰어들어 단지 시어머니를 구해내는 것이 급하였고, 자기 몸이 상하거나 죽는 것을 돌볼 여지가 없었다. 이것이 아무리 천성에서 우러난 것이라 하지만 어찌 우리 선조(先祖)의 은덕으로 백성을 길러서 풍화를 가다듬게 한 소치가 아닌가. 내가 태사(太史 ; 史官을 뜻함)의 직책을 맡았기 때문에 이런 훌륭한 일을 칭찬하니, 후세의 사필(史筆)을 잡는 사람은 상고하기 바란다. (東文選)

그 중 시(詩) 한 편이 『삼강행실도』에 수록되어 있어 소개한다.

지아비는 저 멀리 서울에 가 있고 (良人邈在京華日)
시어머니 병이 깊어 일어나지 못하네. (姑氏(糸黑)綿病莫興)
한밤중 불길 속을 벗어나게 하였으니 (夜半焰中令得脫)
장사라 해도 해내기 어려운 것 알겠네. (吾知壯士亦難能)
정순한 부녀자가 그 얼마나 되던고 (婦女貞純問幾何)
평시에 효순한 이 또한 많지 않으리라. (平時孝順且無多)
어여쁘다 환난 속에 삶을 잊은 그 뜻이여 (可憐急難忘生意)

본관미상(本貫未詳) 및 기타(其他)

청사에 실려 있어 길이 마멸 않으리. (留得青篇永不磨)

임안귀(林安貴)

임주(林州)의 사람으로 부모의 상고를 당하여 8년 동안 여묘살이를 하였다. 이에 태종 4년(1404) 9월에 정려(旌閭)하는 한편 그 사실을 기록하여 널리 알렸다. (태조실록)

열녀 구례현(求禮縣) 임씨(林氏)

조선 초기 구례현에 살던 임씨(林氏)는 남편 왕정(王淨)이 병이 들게 되자 극진히 치료하며 다짐하기를 "만일 꺼려하지 않는다면 나는 꼭 여묘하리라" 하더니 왕정이 죽은 뒤 임씨는 나이 71세에 달했음에도 불구하고 장사와 제사를 가례대로 하고 3년간 여묘하였으며, 그 후에도 절일(節日)을 당하면 반드시 자손들을 데리고 친히 무덤에 오르니, 90세가 되어도 조금도 쇠하지 아니하였다 하여 열녀(烈女)로 정려하였다. (동국여지승람)

임 의(林 義)

태종 13년(1413) 9월 사역원(司譯院) 사인(舍人) 임의는 광동(廣東) 해남위(海南衛) 사람인 유관보(柳官保)의 처 등 2명을 요동으로 압송했다. 그들은 왜구의 포로가 되었다가 해도(海島)에 버려졌으므로 본국으로 보낸 것이다. (태종실록)

임영수(林永守)의 처

함주(咸州)사람 임영수의 처 이막장(李莫莊 ; 李萬松의 딸)은 나이 29에 지아비를 잃었다. 3년 상(喪)을 마친 후 형제들이 재가를 권했으나 "시부모가 모두 70이 넘었고 다른 자식도 없는데 내가 다른 데로 시집간다면 누가 봉양하겠는가?" 하면서 시부모에게 효도하고 봉양하였다. 이를 영길도 도순문사(永吉道都巡問使)가 보고하여 태종 15년(1415) 그 문려(門閭)에

정문(旌門)하라는 명령이 내려졌다. (태종실록)

임 밀(林 密)

세종 즉위년(1418) 12월에 한확(韓確)이 통사(通事) 임밀을 보내 사신이 나온 사연을 아뢰니 상왕(태종)이 쌀과 콩 40석을 내려주고, 임금이 안장 갖춘 말을 내려주는 한편 임밀을 대호군(大護軍; 종3품)으로 삼았다. 이듬해(1419) 10월에 진하사(進賀使)의 통사 임밀이 북경에서 돌아와 계하기를 "경녕군(敬寧君)이 가는데 노자가 모자라는 듯합니다" 하니 임금이 세포(細布) 20필을 경녕군에게 전하도록 명령하였다.

세종 3년(1421) 5월에 통사 임밀이 북경에서 돌아와 "황제가 풍비병으로 정사를 보지 못하고 태자(太子)가 조회를 받고 있다" 라고 보고하였다. 다음해(1422) 지사역원사(知司譯院事) 임밀을 보내 수효를 보충하는 말 241필을 감독하여 요동에 가게 하였다. 세종 5년(1423) 8월에는 황제에게 보낼 말 1만 필 중 두 번째 운(運)으로 말 1천 필을 판사역원사(判司譯院事; 정3품) 임밀로 하여금 감독케 하여 요동에 가게 하였다. (세종실록)

임 우(林 雨)

해미의 전 별장(別將) 임우는 병진년, 정사년 사이에 그 아버지가 병으로 누워 있던 중 왜적이 갑자기 와서 집을 에워쌓는데, 혼자서 적을 물리치고 아버지를 업고 산으로 달아나 난을 피했다. 이에 세종 2년(1420) 정월에 그에게 벼슬을 주라고 명했다. (세종실록)

임모위(林暮威)

공주의 전 판무산현사(前判撫山縣事) 임모위(일명 임모)는 경오년에 왜적 70여 명이 집에 나타났을 때, 문을 막아 들어오지 못하게 하면서 부모가 뒷문으로 나가기를 기다려 함께 피했다. 이에 세종 2년(1420) 정월에 임금이 그에게 벼슬을 주라고 명했다. (세종실록)

본관미상(本貫未詳) 및 기타(其他)

임상좌(林上左)

해미선군(海美船軍) 임상좌는 어머니가 죽으니 무덤을 지켰고, 집이 가난하여 신을 만들어 제사를 차렸다. 세종 2년(1420) 정월에 그 마을에 정문(旌門)을 세워 표창하고, 그 집의 요역을 면제하게 하였다. (세종실록)

임영순(林英順)의 처

금산(錦山)의 부정(副正) 임영순의 처 한씨(韓氏)는 26세에 지아비가 죽었으나 절개를 지켜 나이 61세에 이르렀다 하여 세종 2년(1420) 정월 마을에 정문(旌門)을 세우고 그 집의 요역을 면제하게 하였다. (자료출전 : 세종실록)

임득귀(林得貴)

세종 3년(1421) 7월에 선공감(繕工監) 소속 김호가 죄를 범했는데, 사헌부에서는 판관(判官) 임득귀에게 감독 책임을 물어야 할 것이라고 상소했으나 임금이 윤허하지 않았다. 16년(1434) 12월에 임득귀는 지삭녕군사(知朔寧郡事)에 임명되었는데 하직을 고하니, 임금이 "근년 이래로 수재와 한재가 겹쳐 민생이 걱정된다. 따라서 항상 백성을 구휼하는 것으로 책임을 삼아 형벌을 삼가고 농상을 권하라" 하였다. 세종 23년(1441) 2월에 임득귀는 다시 지중화현사(知中和縣事)에 임명되었다. (세종실록)

임 도(林 道)

세종 10년(1428) 12월에 충청도 감사(監司)가 계하기를 "공주에 사는 전교도 임도(林道)는 경전에 밝으며 품행을 닦아서 남들의 칭송을 받고 천발(薦拔)되는 것을 구하지 않으며, 가묘(家廟)의 법이 행해지기 전부터 사당을 세우고는 들고 날 때에 고(告)하기를 변하지 않았고, 누이와 노비를 나누었는데 그후 누이의 노비가 다 도망가 버리자 자기 노비를 나누어 주었고 시골 자제들을 모아 교도와 훈회(訓誨)를 게을리 하지 않고 있습니다.

청하옵건대 발탁 서용하여 선비의 기풍을 면려하게 하소서" 하니 임금이 명하여 이조(吏曹)에 내렸다. (세종실록)

임자수(林自秀)

예조(禮曹)에서 세종 10년(1428) 10월에 경외(京外)의 효자를 찾아내어 계하기를 "학생 임자수는 부친이 죽으니 분묘 옆에서 분묘를 지키며 죽만 먹고 소채나 과일을 먹지 않았으며, 심지어 인석(茵席 ; 돗자리)도 깔지 않았고 조석으로 자기 손으로 불을 때 상식을 올렸다고 합니다" 하니 명하여 이조(吏曹)에 내리게 하였다. (세종실록)

임수손(林秀孫)

세종 15년(1433) 3월 25일 임금이 온수현(溫水縣)에 행차하였는데 이때 온수현감 임수손이 일행을 대접하느라고 수고하였다고 하여 옷을 한 벌 하사받았다. 그러나 4년 후(1437) 임수손은 관물을 사사로이 사용하였다는 이유로 사헌부의 탄핵을 받았다. (세종실록)

임 운(林 芸)

부사직(副司直)으로 근무하던 중 세조 2년(1456) 3월에 왕명에 의하여 양씨(楊氏)의 적성(積城) 전토(田土)와 어(王於 ; 漢南君)의 재령(載寧) 전토 및 이승로(李承老)의 김제(金堤) 전토를 하사받았다. 그후 사직(司直 ; 정5품)으로 승진했는데 다음 해(1457) 2월에 왕으로부터 노비(奴婢 ; 亂臣의 外居奴婢) 6구(口)를 하사받았다. 그는 성종 9년(1478) 7월에 유자광(柳子光)이 모반을 꾀하는 것으로 알고 이를 계건(啓建 ; 임금에게 계를 올림)했었다. (세조실록, 성종실록)

임치양(林値楊)

임치양은 종성판관(鐘城判官)에 임명되었는데, 세조 10년(1464) 10월에

본관미상(本貫未詳) 및 기타(其他)

종성에서 송골매(松鶻) 1연(連)을 잡아 바치니, 임금이 즉시 승정원에 명하여 임치양에게 치서(馳書)하기를, "그대가 능히 포치(布置)하여 제일 먼저 매를 잡았으니 매우 아름답게 여기고 기뻐하노라" 하는 한편 옷 1벌을 내려주었다. (세조실록)

임재승(林載丞)

조선초기 선산의 임재승(또는 임재)은 명경과(明經科)에 급제하였는데 황간감무(黃澗監務)에 머물렀다. 부모가 모두 오랜 병고로 앓고 있을 때 그는 아침저녁으로 간호하였으며, 부모가 죽게 되자 몹시 슬퍼하여 예법(禮法)을 넘어 6년을 시묘하였다.

감무(監務) 임재승이 죽은 후, "그는 살았을 때 어버이에게 효도하였다는데 어버이가 살아서 봉양함과 죽어서 장사지내는 데에 정성과 공경을 다하였다"라고 향당(鄕黨)이 칭찬하고 사모하였다. 이에 조정에서는 그를 기림으로써 효도하는 풍속을 장려하는 것이 좋겠다고 판단하여, 성종 3년(1472) 8월에 소재관(素材官)으로 하여금 문려(門閭)를 정표(旌表)하도록 하였다. (성종실록, 동국여지승람)

임 무(林 茂)

재령(載寧)사람으로 향리(鄕吏)였는데 이시애(李施愛)를 토벌할 때 공을 세워 성종 4년(1473) 6월에 2등 공신(功臣)으로 녹훈하고 사패(賜牌)하여 영세토록 면역(免役)케 하였다. (성종실록)

임귀달(林貴達)

거제현 사람으로 성종초에 부모가 연달아 죽자 혼자 몸으로 흙을 져다가 무덤을 만들고, 아무리 비와 눈이 내려도 무덤 곁을 떠나지 않으면서 6년을 지냈으며, 음식을 주는 것이 있으면 반드시 먼저 올려서 살았을 때와 같이 섬겼다. 그 효성스러운 행적이 조정에 알려져 성종 9년(1478) 8월에 정려되는 한편 관직(관직명은 미상임)에 서용되었다. (성종실록, 동국여지승람)

본관미상(本貫未詳) 및 기타(其他)

임세영(林世永)

연산 12년(1506) 4월에 전 역승(驛丞) 임세영은 연원도 찰방(連原道察訪)에 임명되었고, 그해 9월에는 청단도 찰방(靑丹都察訪)으로 임명되어 각각 활동하였다. (연산군일기)

임명석(林明石)

삼동현(황해도 수안군과 평양 사이) 사람인 임명석은 나이 15세에 아버지를 따라 산에 들어가 아버지가 호랑이에 물리니, 그가 칼을 휘둘러 호랑이를 쫓아서 위험을 면하였으므로 이에 중종 2년(1507)에 정려되었다. (중종실록, 신증동국여지승람)

임막산(林莫山)의 처

일수 임막산(林莫山)의 아내 잉질지(芿叱之)는 남편이 죽으니 사람들에게 말하기를 "나도 또한 따라 죽을 것이니 광중을 넓게 파세요" 하더니 남편을 장사하는 날 머리 빗고 옷을 갈아입은 뒤에 빈소의 곁에서 목을 매어 죽었다. 이에 조정에서 중종 14년(1519)에 정려하였다. (신증동국여지승람)

임수은(林守銀)의 처

경상도 영산(靈山)에 사는 정병(正兵) 임수은의 아내는 남편이 죽은 지 18년이 되었는데도 흰 옷에 반찬 없는 식사를 하면서 마음을 다해 제사를 올리고 있음을 도에서 보고하자 중종 21년(1526) 5월에 복호(復戶 ; 孝子나 節婦의 집에 대하여 잡부금을 면제하는 것)하라고 명했다. (중종실록)

임세화(林世華)

충청도 관찰사 유여림(兪汝霖)이 중종 22년(1527) 7월에 장계하기를

본관미상(本貫未詳) 및 기타(其他)

"옥천에 사는 교생(校生) 임세화는 아버지 상(喪)을 당하여 여막을 떠나지 않고 처자도 돌보지 않으면서 3년간 죽만 먹었습니다" 하므로 이를 예조에 이첩하였다. 이듬해(1528) 8월에 예조가 전국의 효자나 절부 등에 관하여 표창을 건의하면서 임세화의 효행에 물품을 하사할 것을 건의하였고, 다음해 (1529) 6월에 임금이 그를 복호(復戶)시키고 상품을 내려주었다. (중종실록)

임흥수(林興秀)

명종 즉위년(1545) 9월에 역관(譯官) 임흥수는 정흥선(鄭興善)과 더불어 죄인 유(瑠)의 아들 운양수 후(雲陽守 詡)를 체포하였는데, 이 공으로 두 계급이 특진되었다. (명종실록)

임세창(林世昌)

전라도 감사 구수담이 명종 2년(1547) 7월에 장계(狀啓)하기를 "해남현감(海南縣監) 임세창은 부임한 지가 오래되지 않아서 별로 나타난 성과(成果)가 없습니다" 하였다. 이 기록을 볼 때 그가 해남 현감으로 재직한 것은 분명하나 그의 출신이나 기타 행적에 대하여는 알 수 없다. (명종실록)

임 기(林 芑)

개종계주청사(改宗系奏請使) 김주(金澍) 등 일행이 명종 18년(1563) 12월 9일 종계 개정 칙서를 받아오니, 임금이 명정전에서 특사령을 내리고 공로자를 포상했는데, 공로자 중 한리학관(漢吏學官) 임기에게는 전(田) 20결을 하사하였다.

그 후 임기는 이문학관(吏文學官) 임명되었는데, 선조 9년(1576) 7월에 상소를 올렸다. 그 내용은 "주상은 덕흥대원군의 아들이니 존숭의 예를 극진히 하고 문소전(文昭殿)에 인종의 신주를 함께 부(祔)하는 것은 부당하옵니다. 또한 사습(士習 ; 선비의 풍습)이 아름답지 못하여 『심경(心經)』, 『근사록(近思錄)』을 읽으면서 명예를 낚으며 세상을 속여 허위의 풍습을 기르고 많은 서원(書院)을 지어 민간에게 폐를 끼치고 있습니다" 하였다.

정원은 이 상소를 곧장 올리지 않고, 임금에게 임기의 마음이 흉악하고 선동을 일삼는다면서 파직할 것을 건의했는데 임금은 윤허치 않았고, 이를 한 달간이나 계속 논쟁하였으나 끝내 윤허를 받지 못했다. 임기는 이문(吏文)을 잘 지었으나 서출이었으므로 그가 건의하는 것이 마치 스스로의 현실에 불만을 품고 출세만을 목적으로 건의하는 것 같은 오해를 받았으며, 그 결과 견제를 많이 받았던 것이다.

임기는 학문이 깊어 명나라 초 구우(瞿佑)가 지은 『전등신화(剪燈新話)』에 주(注)를 붙임으로써 당시 소설의 보급을 촉진시켰다. (선조실록, 조선왕조소설연구)

임수형(林秀衡)

임수형은 권관(權官)으로 있었는데, 선조 21년(1588) 6월에 서수라난도(西水羅卵島)에 적호선(敵胡船 ; 敵인 胡人의 배) 20여 척이 침범해왔다.

이 때 권관 임수형 등이 추격하였으나 적선이 너무 빨리 달아나 이를 추포(追捕)하지 못했다. 이를 북병사(北兵使)가 계문(啓聞 ; 관찰사 등이 글로써서 上奏)으로 보고했더니, 임금이 전교하기를 "북호(北胡)에 대해 염려되는 바가 한두 가지가 아닌데, 오는 겨울 얼음이 얼 때 쳐들어올까 염려가 되니 정병(精兵)을 미리 선발하여 무장시켰다가 요해처를 나누어 지키게 하라" 하였다.

그는 그후 지평현감(砥平縣監)에 임명되었다. (선조실록)

임 필(林 泌)

임필은 오위장(五衛將)에 임명되었다. (선조실록)

임응서(林應瑞)

선조 25년(1592) 8월에 역학(譯學) 임응서가 정문(呈文)을 가지고

본관미상(本貫未詳) 및 기타(其他)

명나라 장유격(張遊擊)에게 갔다가 돌아와서 "장유격이 말하기를 '우리가 속히 전진하지 않으니 조선 국왕이 이 정문을 보낸 것이 틀림없다. 광녕(廣寧)이 양총병 군대 500명은 도착했으나 요동의 조총병 군대 500명이 도착하지 않았으니 도착 즉시 강을 건널 것이다' 하였습니다" 라고 아뢰었다. (선조실록)

임춘발(林春發)

임춘발은 통사(通事 ; 譯官)로 임진왜란 발발 후 명나라에서 파병한 이여송 군에 왕래하던 사신의 입이 되어 활약했다. 선조 25년(1592) 12월에는 공조판서 한응인(韓應寅)이 송시랑(宋侍郞)의 아문(衙門)에 갔을 때 통역을 담당하였고, 다음해(1593) 7월 형조판서 이덕형(李德馨)이 명나라 해군의 제독을 만날 때와 8월에 좌의정 윤두수가 제독을 만날 때 통사로 활약했다. 또한 사은사 김수(金晬)의 통사로 명나라에 다녀오는 한편 선조 32년(1599) 정월에는 강유격(姜遊擊)이 와서 회례할 때 통사의 지위에서 중국의 풍습이 우리와 다른 점을 임금에게 설명했다.

그는 명나라 군사를 청할 때 통사로 공이 많았음이 인정되어, 선조 36년(1603) 6월에 『공신도감』에 공신으로 수록되었다. (선조실록)

임환수(林環壽)

임환수는 양주(楊洲) 사람으로 그의 처가 두 딸을 데리고 왜적을 피하여 도봉산에 들어갔다가 딸들이 잡혔다. 그 중 막내딸 임향옥(林香玉)은 나이 16세에 불과했음에도 어미에게 말하기를 "적을 따라갈 수 없으니 아버지에게 말씀드려서 내 시체나 거두게 하소서" 하고는 낭떠러지에 떨어져 죽었다. 선조 27년(1594) 2월 15일 유성룡이 임금에게 이 사실을 아뢰면서 "우리나라는 임진왜란 때 여자로서 이와 같이 절의(節義)에 죽은 사람이 매우 많습니다" 하니, 임금이 "이러한 사람들을 포상하지 않아서야 되겠느냐" 하였다.

선조 30년(1597) 10월에 비변사에서 아뢰기를 "양근(楊根)의 임환수는 변란 초기부터 고언백(高彦伯)을 따라 왜적을 토벌했는데, 용맹이 으뜸이었습니다. 싸울 때마다 적을 베어 벼슬이 훈련원 정(訓練院正)에까지 이르렀는데 성주의 싸움에서 불행히도 적의 탄환에 맞아 죽었으니 장사지낼 도구 등을 도와주고자 합니다" 하니, 윤허했다. (선조실록)

임억명(林億明)

임억명은 홍주(洪州) 사람으로 선조 29년(1596) 7월에 이몽학(李蒙鶴)이 반란을 일으켜 홍주성이 관군에게 포위되었을 때, 역적 죄수 이몽학의 목을 베어 바침으로써 그 난을 평정하는 데 공을 세워서 서리(書吏)에 소속시키는 한편 공신(功臣)으로 녹훈했다. (선조실록)

임향욱(林香郁)

임향욱이 선조 29년(1596) 2월에 장계하기를 "사노(私奴) 황인남(黃仁男)은 임진년에 왜적이 경성을 침범했을 때, 적에게 붙어서 방리(坊里)를 횡행하면서 인물을 상해하고 심지어는 적을 꾀어 선왕(先王)의 능침(陵寢)을 발굴하였습니다. 이 사실을 알려주었는데도 잡아들이지 않고 이 사실을 숨기려 하고 있습니다"라고 하였다. 사간원에서 이를 임금에게 고하자 관련자에게 아뢴대로 조치하라고 지시하는 한편 우변포도대장 최원(崔遠)을 파직하였다. (선조실록)

임 권(林 權)

임권은 임진왜란 때 공이 있어 선조 32년(1599) 무주(茂州) 현감으로 부임하였다. 그는 객관(客館) 옆에 있다가 임진왜란 때 소실된 한풍루(寒風樓)의 중건역사(重建役事)를 시작했으나 끝을 보지 못하고 다음 현감인 남복시(男復始)에 의하여 완성되었다. 한풍루는 그후 정조 7년(1783) 부사 임중원(林重遠)에 의하여 다시 중건되었다. 임권은 선조 37년(1604) 5월에 문화현령(文化縣令)에 임명되었다. (선조실록, 한국민족문화대백과사전)

본관미상(本貫未詳) 및 기타(其他)

임수정(林守正)

임수정은 선조 32년(1599) 6월에 예조좌랑(禮曹佐郎 ; 정5품)에 임명되었다. (선조실록)

임만형(林晚亨)

본관은 보성(寶城)으로 기록되어 있으며 자는 여창(汝昌)이다. 충남 공주(公州) 출신으로 장사랑(將仕郎) 임충일(林忠一)의 아들이다. 현종 1년(1660) 식년 진사시에 을과로 합격하여 벼슬에 나아갔다. 형제는 임만익(林晚益), 임만윤(林晚允), 임만점(林晚點)이 있다.

임유필(林有弼)

명천산성(明川山城)은 매우 견고한 성이었는데 둘레가 포척(布尺)으로 4,900여 척, 안의 여장(女墻)은 383개, 성문은 세 곳이며 그 위에 성루(城樓)도 있었다. 선조 39년(1606) 12월에 이 성을 평상시에 수호하게 하기 위하여 본부(本府) 사람인 임유필을 별장(別將)으로 삼아 양료(糧料)를 지급하여 항상 백성과 함께 있게 하였다. (선조실록)

임국주(林國柱)

본관은 조동(兆東)으로 기록되어 있으며 전주(全州) 출신이다. 자는 경백(擎伯)으로 선조 33년(1600)에 임효갑(林孝甲)의 아들로 태어났다. 광해 10년(1618) 식년시에 을과로 진사가 되었다.

임태정(林泰挺)

본관은 개성(開城)으로 기록되어 있으며 신천(信川) 출신이다. 자는 성여(盛汝)로 효종 10년(1659) 중추부 첨지사(中樞府僉知事)를 지낸 절충장군(折衝將軍) 임수찬(林秀瓚)의 아들로 태어났다. 숙종 34년(1708) 식년시에 병과로 생원이 되었다.

임유방(林有芳)

본관은 곡성(谷城)으로 기록되어 있으며 개성(開城) 출신이다. 자는 시화(時華)이며, 순조 13년(1813)에 임홍묵(林弘黙)의 아들로 태어났다. 철종 10년(1859) 증광시에 병과로 진사가 되었으며, 형제는 임춘방(林春芳), 임윤방(林允芳), 임세방(林世芳)이다.

임희순(林羲淳)

본관은 담양(潭陽)으로 기록되어 있으며 자는 명집(明緝)으로 순조 28년(1828)에 임익도(林翼道)의 아들로 태어났다. 고종 22년(1885) 식년 진사시에 병과로 합격하였다. 임우순(林禹淳), 임창순(林昌淳)의 형제이다.

임하중(林夏仲)

조선 말기의 의병으로 전라도 보성 출신이며, 고종 8년(1871)에 태어나서 1910년에 졸하였다. 안규홍의 의병부대에서 도십장(都什長), 운량관(運糧官) 등을 맡았다. 의병장 안규홍 등과 함께 1909년 8월경까지 보성, 장흥, 동복, 순천 등지에서 활동하면서 같은 해 3월 일진회원을 제거하였으며, 6월 선봉장 임창모(林昌模)를 따라 주민을 토색한 부호를 납치하여 군자금을 징수하였다. 안규홍의 의병부대는 특히 보성을 중심으로 한 전라남도 중동부지방에서 가장 활발하게 반일투쟁을 전개하였는데, 이들은 주민의 생존권을 보호하기 위하여 주민들을 못살게 구는 부호나 악질관리들을 처단하였으며, 부재지주의 소박미를 징발하여 군자금으로 이용하기도 하고 빈민들에게 나눠주기도 하였다. 또한 일본군경의 식민통치기구를 공격하기도 하고 그들을 기습하여 상당한 타격을 준 적도 있었다. 이들의 의병항쟁이 더욱 거세지자 일제는 이른바 '남한폭도대토벌작전'을 전라도지역에서 전개하여 호남의병을 모조리 진압하고자 하였다. 1909년 9월 18일에 붙잡혀 폭동 및 강도 모살죄로 교수형을 당하였다. 1990년 건국훈장 독립장이 추서되었다. (독립운동사자료집 별집, 한국민족문화대백과사전)

본관미상(本貫未詳) 및 기타(其他)

임태일(林泰一)

본관은 광주(廣州)로 기록되어 있으며 영유(永柔) 출신으로 고종 11년(1874) 임병익(林秉翼)의 아들로 태어났다. 고종 31년(1894) 식년시에 병과로 생원에 올랐다.

임태하(林泰河)

본관은 광주(廣州)로 기록되어 있으며 평양(平壤) 출신으로 고종 11년(1874)에 태어났으며, 부친은 임병익(林秉翼)이다. 고종 31년(1894) 식년시 병과로 생원에 올랐다.

임흥모(林興模)

본관은 울산(蔚山)으로 기록되어 있으며 서울 출신이다. 자(字)는 영주(永周)이며, 고원군수(高原郡守)를 지낸 가선대부(嘉善大夫) 임덕윤(林德潤)의 아들로 고종 11년(1874)에 태어났다. 고종 25년(1888) 식년시에 병과로 진사에 올랐으며, 임흥진(林興鎭)의 아우이다.

참고문헌(參考文獻)

『삼국사기』(三國史記)
『삼국유사』(三國遺事)
『고려사』(高麗史)
『고려사절요』(高麗史節要)
『조선왕조실록』(朝鮮王朝實錄)
『고려공신전』(高麗功臣傳)
『국조인물고』(國朝人物考)
『국조방목』(國朝榜目)
『동국여지승람』(東國輿地勝覽)
『고려명신록』(高麗名臣錄)
『독립운동사』(獨立運動史)
『각성씨세보』(各姓氏世譜)
『성씨의고향』(姓氏의故鄕)
『한민족대성보』(韓民族大姓譜)
『한국문화유적총람』(韓國文化遺跡總攬)
『대동방씨족원류사』(大東方氏族源流史)
『한국의전통예절』(韓國의傳統禮)
『한국성씨총감』(韓國姓氏總鑑)
『한국인명대사전』(韓國人名大辭典)
『성씨대보총람』(姓氏大譜總覽)

자랑스런 임(林)씨 이야기 上

2014 年 8 月 29 日 인쇄
2014 年 8 月 8 日 발행
편　저 : 성씨이야기편찬실
발　행 : 올린피플스토리

출판등록 : 제 25100 - 2007 - 000017 호
주　　소 : 서울특별시 강동구 구천면로 18길 23호
홈페이지 : http://www.ollinpeople.co.kr
전　　화 : 070) 4110 - 5959
팩　　스 : 02) 476 - 8739
세 트 가 : ₩ 39,600 (단권 : ₩ 19,800)

I S B N : 979-11-5743-616-3
I S B N : 979-11-5743-633-0 (세트)

* 파손된 책은 바꾸어 드립니다.